# 實踐派叢書

Dudjom Rinpoche 敦珠甯波車

# 甯瑪派叢書



# The Nyingmapa Series

修部② 談錫永主編

# 大圓滿前行及讚頌

談錫永整理◆邵頌雄導論

# 目　錄

## 敦珠新寶藏前行讚頌（敦珠法王造、邵頌雄譯）

## 附錄（念慈譯）

# 《甯瑪派叢書》總序

近年西藏密宗在世界各地廣泛流傳，甯瑪派（rNying ma pa）的「大圓滿」（rdzogs pa chen po）亦同時受到歐、美、日學者的重視。於是研究「大圓滿」及甯瑪派教法的外文書籍不斷出版，研究文章亦於各學術機構的學報發表。

然而遺憾的是，我們接觸到的書刊文獻，絕大部份都未能如實說明「大圓滿」（dbu ma chen po）的修持見地——「大中觀見」，即如來藏思想；於修持上亦未能說出次第修習與次第見地的配合，如抉擇見與決定見。因此便令到「大圓滿」這一法系，在大乘佛教中地位模糊。

事實上，「大圓滿」與漢土的禪宗同一淵源。即是說，他們本屬同一見地的印度大乘修持系統，即文殊師利不可思議法門。傳入漢土的成為禪宗，傳入西藏則成為甯瑪派的「大圓滿」。——因此「大圓滿」的修持，跟藏密其他教派的修持有所不同，可謂獨樹一幟。也因此，漢土禪宗於六祖慧能以前，以說如來藏（tathāgatagarbha）的《入楞伽經》（*Laṅkāvatārasūtra*）印心，而甯瑪派亦判《入楞伽經》為「大中觀」見的根本經典。

本叢書的編譯，即據甯瑪派近代法王敦珠甯波車（H.H. Dudjom Rinpoche，1904-1987）的傳授，分「見」、「修」兩部編成。在「見」的部份，着重闡釋「大中觀見」，即「如來藏思想」的真實義，使讀者能瞭解此印度佛學系統中的重要思想，以及其與禪宗修持、「大圓滿」

修持的關係。

至於「修」的部份，則選譯甯瑪派歷代祖師的論著，及諸巖傳法要。如是配合大圓滿「四部加行法」（sbyor ba bzhi）—— 即外加行、內加行、密加行、密密加行。凡此皆為印度傳入西藏的次第止觀法門。

本叢書於香港出版後，反應良好，今應全佛文化出版社之請，特重行修訂再版以期甯瑪派法要能得正信，並期望文殊師利不可思議法門得藉此弘揚。

# 導論

# 導論

## 一、甯瑪派的六種教法傳承

本叢書「見部」的《九乘次第論集》與《甯瑪派四部宗義釋》兩種，已介紹過甯瑪派（rNying ma pa）九乘次第（theg pa rim pa dgu）的別別見修行果及宗義抉擇。然而，對於甯瑪派教法的傳承方式以及傳播歷史，則尚未涉及。筆者為這本收於叢書修部的《大圓滿前行及讚頌》撰寫導論，即先行對甯瑪派無上續部（Anuttaratantra）的教法傳承交代清楚，因為此實為瞭解本書提及《大圓滿廣大心要》（*rDzogs pa chen po klong chen snying thig*）與《敦珠新伏藏》（*bDud 'joms gter gsar*，漢土習慣譯作《敦珠新寶藏》）兩個伏藏法來源的重要基礎，也能幫助讀者研讀沈衛榮教授為《幻化網祕密藏續》所寫的導論。

甯瑪派的教法傳承，歷代上師曾作不同方式的歸納，但總括而言，大可分為六種：

1）諸佛密意傳承（rgyal ba'i dgongs pa'i brgyud pa）；

2）持明表義傳承（rig 'dzin brda'i brgyud pa）；

3）補特伽羅口耳傳承（gang zag snyan khung gi brgyud pa）；

4）祈願灌頂傳承（smon lam dbang bskur ba'i brgyud pa）；

5）授記指示傳承（bka' babs lung bstan gyi brgyud pa）；

6）空行付托傳承（mkha' 'gro gtad rgyua'i brgyud pa）。

前三種亦合稱為「遠傳佛語傳承」（bka' ma ring brgyud，或稱為教傳），後三種合稱為「近傳伏藏傳承」（gter ma nyer brgyud，或稱為巖傳）；前三為共，後三為不共。前後六種則統名為「佛語與伏藏六種密法傳承」（snga 'gyur bka' gter gyi brgyud pa drug）。

此外，伏藏傳承又分為地藏（sa gter）、密意藏（dgongs gter）及淨相（dag snang）三種。其中淨相傳承常被視為教傳及巖傳以外的第三類傳承，是故亦有把甯瑪派教法分為「佛語、伏藏、淨相」（bka' ma gter ma dag snang）三種，而此三種即分別被稱為「遠傳」（ring brgyud）、「近傳」（nyer brgyud）及「甚深淨相傳承」（dag snang zab brgyud）。

## 甲　遠傳佛語傳承

根據甯瑪派的說法，無上瑜伽密法（Anuttarayogatantra）的傳承分三[1]：

1）「諸佛密意傳承」：

法身普賢王如來（Samanthabhadra）於色究竟天（Akaniṣṭha），示現作報身金剛持（Vajradhara）之相，為五方佛及其眷屬說法，此等眷屬包括金剛手（Vajrapāṇi）、觀自在（Avalokiteśvara）與文殊師利（Mañjuśrī）等菩薩。

[1] 參 Dudjom Rinpoche (M. Kapstein & G. Dorje, trans.), *The Nyingma School of Tibetan Buddhism* (Boston: Wisdom Publications, 1991): 454-457; Tulku Thondup, *Masters of Meditation and Miracles: The Longchen Nyingthig Lineage of Tibetan Buddhism* (Boston & London: Shambhala, 1996): 18-30。

2）「持明表義傳承」分二：

i）非人持明傳承：

文殊師利以童子相，於天人界傳法予藥叉最勝護（Yaśasvī Varapāla），而最勝護則傳與梵寶光（Brahmaratnaprabha），再次第傳給世間主梵天（Prajāpatibrahma）、梵遍解脱（Brahmasarvatāra）、梵天持髻（Brahmaśikhandara）及因陀羅帝釋（Indraśakra），並由因陀羅帝釋廣弘此傳承教法予天人界中之十萬持明。

復次，觀自在以甘露藥王（Amṛtabhaṣajya）之相，於龍界傳法予黑頸龍王（Kālagrīva），而黑頸龍王則次第傳與龍女卡都瑪（Kha 'dul ma）、龍女兑藏瑪（'Dul tshang ma）、龍悦喜（Manorathanandin）、德叉迦（Takṣaka）[2]，並由德叉迦廣弘此傳承教法予龍界中之十萬持明。

復次，金剛手以忿怒相，於藥叉界傳法予藥叉普賢（Samanthabhadra），再次第傳予藥叉金剛手（Vajrapaṇi）、藥叉最勝護及藥叉焰口（Ulkāmukha），並由焰口廣弘此傳承教法予藥叉界中之十萬持明。

---

2 龍界的德叉迦，亦見於《法華》（*Saddharmapuṇḍarīkasūtra*）、《月燈三昧》（*Samādhirājasūtra*）等與如來藏教法相關之經典。

## 非人持明傳承

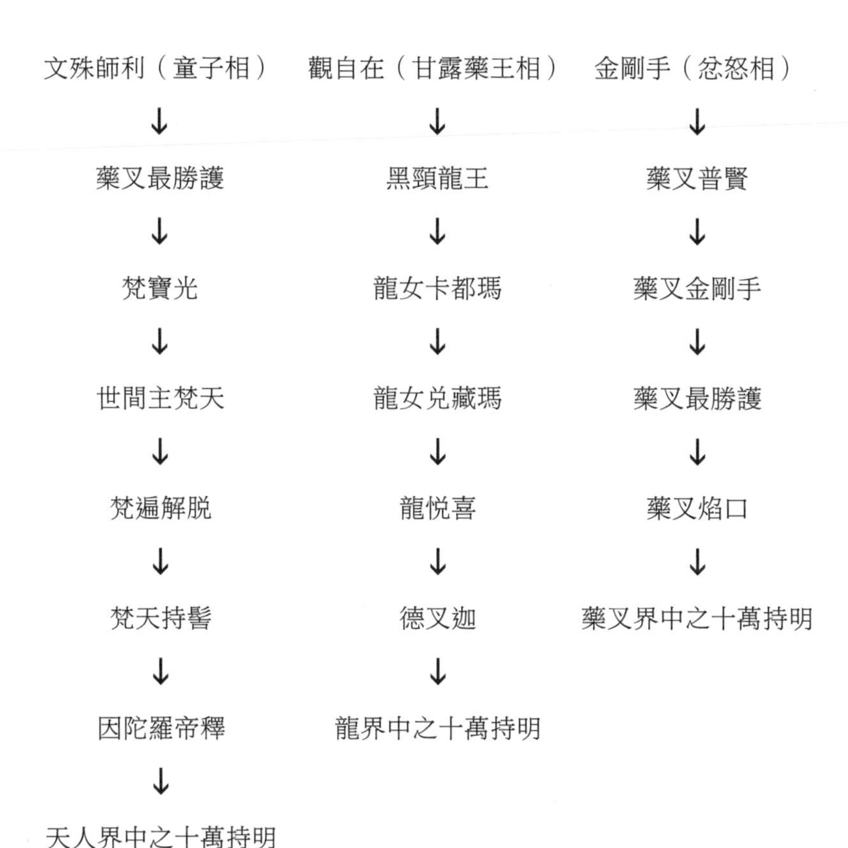


另外，有關大圓滿的法系：報身金剛薩埵（Vajrasattva）受十方三時的五佛部諸佛加持，授予賢護（Bhadrapāla）之子本初心（Adhicitta，即俱生喜金剛 dGa' rab rdo rje）「勝者方便流注之大灌頂」（rgyal thabs spyi blugs kyi dbang chen），由是大圓滿教法乃於天人界弘播。

ii）非人持明與人持明之傳承：

釋迦般涅槃後二十八年，人非人等五大持明自甚深等持中出定，聚集於楞伽（Laṅkā）之瑪拉雅山頂（Malayagiri）[3]，其時菩薩金剛手（Vajrapaṇi）承佛威力而作示現，教授甚深秘密教法予五持明。此五持明為：天人持明耶舍最勝護（Varapāla）、龍族持明德叉迦（Takṣaka）、藥叉持明焰口（Ulkāmukha）、羅刹持明黑齒（Matyaupāyika）、人持明維摩詰（Vimalakīrti）。其中羅刹持明黑齒以孔雀石墨將密續書於金紙上，並藏之於虛空中。

其中，人持明維摩詰傳授大瑜伽（Mahāyoga）之灌頂與一切修習口訣、以及阿努瑜伽（Anuyoga）之密續傳予渣王（rgyal po Dza）[4]，而渣王亦另得金剛薩埵的直接傳授；維摩詰復把無比瑜伽（Anuyoga）之灌頂及修習口訣傳予渣王，而渣王也得金剛薩埵的直接傳授；至於無上瑜伽（Atiyoga）之表義傳承，則由金剛薩埵傳予俱生喜金剛。

---

[3] 敦珠法王（bDud 'joms rin po che）認為此瑪拉雅山頂應即斯里蘭卡（Sri Lanka）中部高原南端之亞當峰（Adam's Peak），亦稱為聖足山（Śrīpādastanaya）。參Dudjom Rinpoche, *The Nyingma School of Tibetan Buddhism*, G. Dorje & M. Kapstein, trans. (Boston: Wisdom Publications, 1991): 455-456。

[4] 有關渣王與金剛乘教法的傳播，參Samten G. Karmay, "King Tsa/Dza and Vajrayāna," in M. Strickmann, ed., *Tantric and Taoist Studies in Honour of R. A. Stein* (Brussels: Institut Belge des Hautes Études Chinoises, *Mélanges Chinois et Bouddhiques* 20, 1981): 192-211; Y. Imaeda, "Un Extrait Tibūtain du Mañjuśrīmūlakalpa dans les Manuscripts de Touen-Houang," in Nouvelles Contributions aux Études de Touen-Houang (Geneva: Librairie Droz, 1981): 303-320。

## 非人持明與人持明之傳承

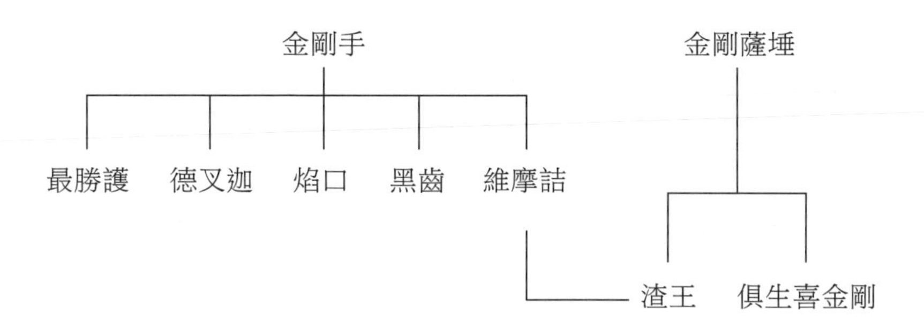


3）「補特伽羅口耳傳承」：

此屬化身傳承，由渣王、俱生喜金剛、文殊師利友（Mañjuśrīmitra）、吉祥獅子（Śrīsiṃha）、智經（Jñānasūtra）、無垢友（Vimalamitra）、蓮花生（Padmasambhava）等歷代祖師於人間經語言文字而作傳播。

i）渣王把大瑜伽修習[5]，傳予犬王（Kukkurāja I），再次第傳予帝釋子[6]；獅王；小王（Uparāja）[7]；高瑪德比（Gomadevī）[8]；犬王（KukkurājaII,Kukurādzaphyima）；遊戲金剛（Līlāvajra）、起屍樂成就（Vetālasukhasiddhi）、言說仙人（Ṛṣi Bhāṣita）及龍樹（Nāgārjuna）；佛密（Buddhaguhya）、金剛笑（Vajrahāsya）及吽卡囉（Hūṃkara）；復由遊戲金剛與佛密傳予無垢友、佛密傳予蓮花生、言說仙人及金剛笑傳予釋迦光（Śākyaprabha）、金剛笑另傳予吉祥獅子、釋迦光又傳予蓮花生，而蓮花生復得渣王的直接傳承。

---

5 大瑜伽雖復分為續部（tantravarga）與修部（sādhanavarga），但傳承則一。

6 即渣王的幼子小因渣部底（Indrabhūti）。

7 即帝釋部底（Śakrabhūti）。

8 渣王的女兒。

## 大瑜伽之補特伽羅口耳傳承

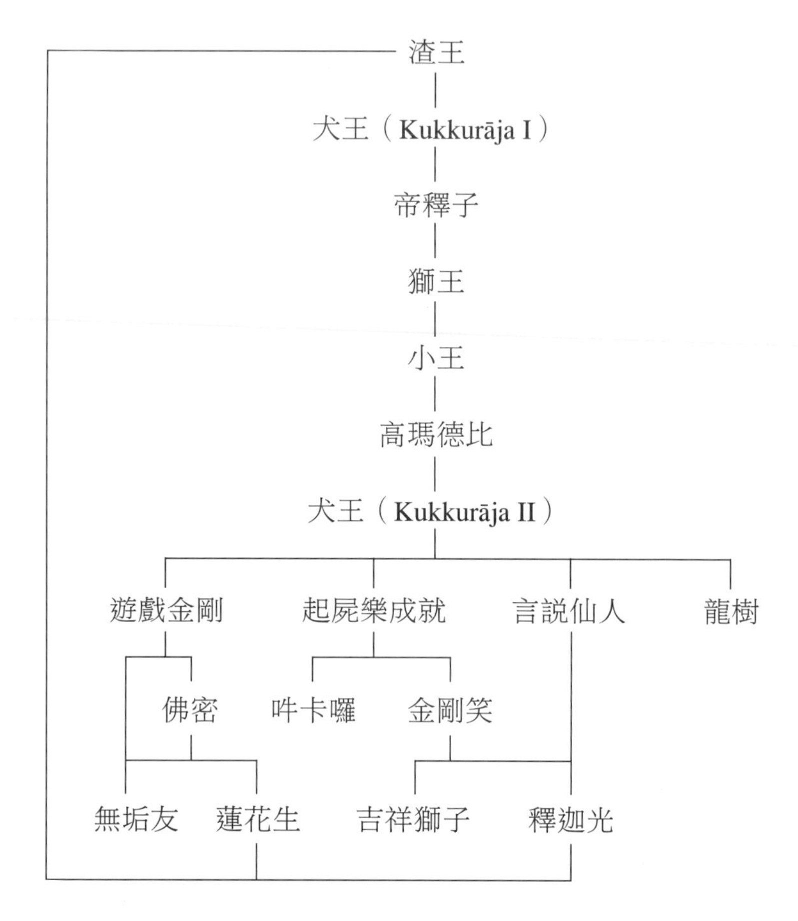


ii） 無比瑜伽的口耳傳承，由渣王傳予其三位兒子帝釋子（Śakraputra）、龍子（Nāgaputra）與祕密子（Guhyaputra），又傳予小王；帝釋子傳予犬王，再次第傳予起屍樂成就、金剛笑、釋迦光、釋迦獅子（Śākya Seng ge）、施命（Dhanarakṣita）、吽卡囉、光明莊嚴（Sudhoddyotaka）、摩揭陀（Magadha）的達摩菩提（Dharmabodhi）、那爛陀

（Nālandā）的法王護（Dharmarājapāla）、尼泊爾的持世王（Vasudhara）、經典吉祥善（gTugs lag dpal dge）、吉爾吉特（Gilgit）的威嚴生（Che btsan skyes）、藏土的努・佛智（gNubs chen Seng ge ye shes）。

**無比瑜伽之補特伽羅口耳傳承**

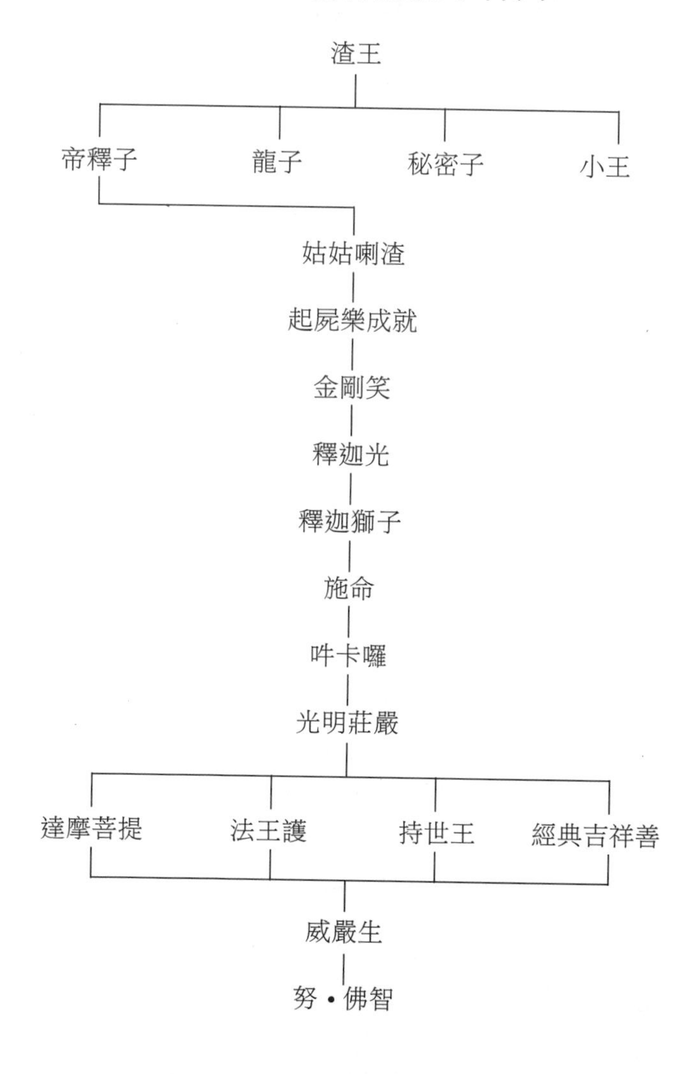

iii）至於無上瑜伽的口耳傳承，由俱生喜金剛傳出，次第授予文殊師利友；吉祥獅子；智經、蓮花生與無垢友。吉祥獅子復直接傳予遍照護。智經另傳予無垢友，而無垢友又得吉祥獅子的直接傳授及於定中獲俱生喜金剛的淨相傳承。

**無上瑜伽之補特伽羅口耳傳承**

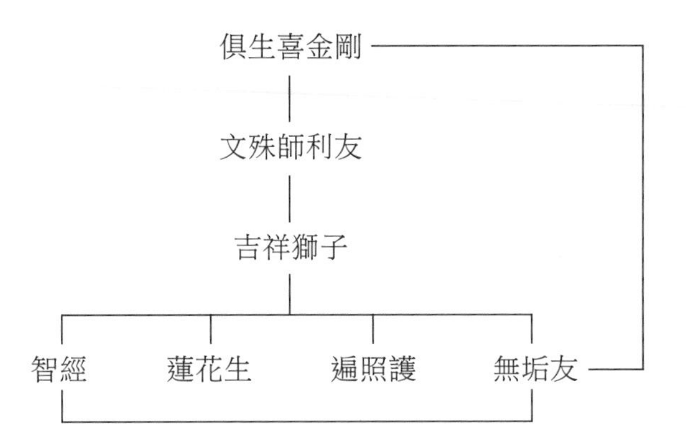


此中，文殊師利友把無上瑜伽的教授分為心部（sems sde）、界部（klong sde）、口訣部（man ngag sde），於藏土皆各有傳承。[9]

此三種傳承，關係到如來法身（Dharmakāya）、報身（Sambhogakāya）與化身（Nirmaṇakāya）之體性。然而，雖說有三種傳承，實際上卻無可分割，即如說如來之三身也只是一種方便，究竟而言亦唯是一味。因此，學人從上師處

9 有關甯瑪派無上瑜伽各部的建立，可參 David Germano, "Architecture and Absence in the Secret Tantric History of the Great Perfection (*rdzogs chen*)," *Journal of the International Association of Buddhist Studies*, vol. 17.2 (1994): 203-335。

聞法，若依之修習而得證悟，所得的不單是落於語言文字的「補特迦羅口耳傳承」，其證悟境實亦具足離語言文字的「持明表義傳承」與「諸佛密意傳承」。此傳承亦帶出另一重意義，強調眾生平等、大悲周遍，並非唯有人間才有此珍貴教法、亦並非唯有人才能證得圓滿正覺。總合三種傳承而言，一切佛法悉由如來正智境界流出，說為由普賢王如來的密意（智境）法爾示現為報身說法、復又根據有情根器而以各種化身說法，以般若等教法調伏有情對如幻識境的執持；此亦有智悲雙運的意味，由智境自流露出無緣大悲的思想，也正是如來藏教法的重要基石。

## 乙 近傳伏藏傳承

西藏佛教的伏藏（gter ma）傳統，主要見於甯瑪派與噶舉派（bKa' brgyud pa），間亦見於薩迦派（Sa skya pa）及格魯派（dGe lugs pa）[10]。於甯瑪派而言，伏藏分為「地藏」（sa gter）與「密意藏」（dgongs gter）。此外也有「淨相藏」（dag snang）與「隨念藏」（rje dran gyi gter，或稱為極密藏 yang gter），但一般而言，此二者都被歸類為伏藏傳承以外的「甚深淨相傳承」。

絕大部份的伏藏都是由蓮花生大士埋藏、加持以令之不失壞、並付託守藏之護法掌管，然而，其他具德祖師如無垢友、遍照護、努・佛智、仰・定賢等，亦曾埋下伏藏以利益後世有情。此等伏藏，包括：一）藏於山洞、地下、院牆

[10] 有關格魯派的伏藏，參 Matthew Kapstein, "The Purificatory Gem and Its Cleansing: A Late Tibetan Polemical Discussion of Apocryphal Texts," *History of Religions* 2 (1989): 217-244。

等之經卷、法器與佛像，是即所謂「地藏」，例如事業洲尊者（Karma gling pa, 1376/7-1394/5）於岡波達山（Dwags lha sgam po）掘出的《寂忿密意自解脫》（*Zhi khro dgongs pa rang grol*），即屬此類；二）隱埋於後世掘藏師心識中，是即所謂「密意藏」，例如無畏洲尊者的《廣大心要》，即為尊者於三次入定時取得。

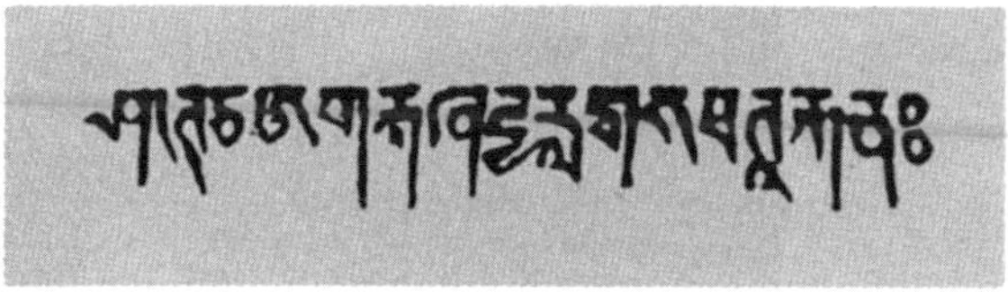

無畏洲尊者取得《廣大心要》之空行文字

此等伏藏法寶於後世陸續出現，其中一些更是具證量上師於等持境界中獲本尊面授與加持而流出，是即所謂「淨相傳承」，例如摧魔洲尊者（bDud 'joms gling pa, 1835-1904）的《現證自性大圓滿本來面目教授 • 無修佛道》（*Rang bzhin rdzogs pa chen po'i rang zhal mngon du byed pa'i gdams pa ma bsgom snangs rgyas bzhugs so*）即是。雖然伏藏傳承非如教傳的佛語傳承般自印度傳入、遠承佛陀及諸位具德大論師之教誡，但甯瑪派視二者同樣殊勝，甚至因為伏藏法屬於近傳，而許之為更適合於今時眾生之根器。此即如敦珠法王所言：

> 一般說來，一種教法不應僅僅因為它源自印度，便異常重要。以經書出現之地區作為劃分好壞的標準，實為學界所不齒。若造論者為得地之大德，則彼所造之論書亦應為真是可靠。因此，論書源自印度或西藏，並不說明任何區別。有時出自西藏的論書甚至比印度的還要殊勝。我們當相信藏地顯現

本智的成道者所編集之論書，較之印度那些只懂語法、因明的平庸學者所寫之論釋，要可靠得多。[11]

此外，對於伏藏傳承的歷史、埋藏的過程、書寫伏藏法所用的黃紙與空行文字、伏藏師（gter ston）的授記、取藏的方式等等，於義成活佛（Tulku Thondup）依據第三世多竹千（rDo grub chen III）無畏持教日尊者（'Jigs med bstan pa'i nyi ma, 1865-1926）之《伏藏傳承註釋 • 殊勝海》（*Las 'phro gter gyi rnam bshad nyung gsal ngo mtshar rgya mtsho*）而寫成的《西藏之伏藏教法》（*Hidden Teachings of Tibet*）[12]，均有詳細描述。

歷代伏藏師所發掘的伏藏，為數甚多，至十九世紀時，由工珠・無邊慧尊者（Kong sprul Blo gros mtha' yas, 1813-1899）匯集整理各類伏藏文書的《大寶伏藏》（*Rin chen gter mdzod chen mo*），共計一百一十一卷。當然，歷來也有不少未證謂證之學人，為貪名聞利養而造出一些拙劣的偽伏藏文書。不敗尊者（Mi pham rgya mtsho, 1846-1912）即曾為此寫有專論，論說偽造伏藏的意圖、警誡妄自撰作偽論的業力因果、以及如何分辨真假伏藏文書。[13]

近代有西方學者認為甯瑪派的伏藏傳承，乃受了道家靈寶派成道仙人將法典藏於深山的傳統所影響。[14]然而，西藏的伏

---

11 Dudjom Ripoche (1991): 917。

12 Tulku Thondup, *Hidden Teachings of Tibet: An Explanation of the Terma Tradition of Tibetan Buddhism* (Boston: Wisdom Publications, 1986).

13 Mi pham rgya mtsho, *gTer sdon brdag pa chu drangs nor bu she's bya ba bzhugs so*; 英譯見Andreas Doctor, *Tibetan Treasure Literature: Revelation, Tradition, and Accomplishment in Visionary Buddhism* (Ithaca: Snow Lion, 2005): 52-71。

14 Janet B. Gyatso, "Drawn from the Tibetan Treasury: The *gTer ma* Literature," in José Ignacio Cabezón and Roger R. Jackson, eds., *Tibetan Literature: Studies in Genre* (Ithaca: Snow Lion, 1996): 147-169。

藏傳承，實應視為遙繼印度大乘佛法流播的傳統。大乘契經，向來都是依眾生根器及時節因緣而作流布，因此自公元前一世紀到公元八、九世紀，不斷有經續的集成；至於龍樹菩薩經龍王引領入海，到龍宮中開七寶藏，得《般若》等大乘經典[15]，以及東密傳統所說，龍樹往龍宮開啟南天鐵塔，取出三部密續，如是等等大乘顯密法教的傳出，形式上雖與西藏的伏藏存有小異，然實質上卻為大同。按照現代西方宗教研究學的學者所常用名詞而言，大乘佛教的「正典」從來都是「開放」（“open canon”）的，非如小乘教派所持「正典」之「封閉」（“closed canon”）。從這一點來說，西藏的伏藏其實是承繼著印度大乘佛教開放正典的傳統。

❈ ❈ ❈

《廣大心要》整個伏藏，由無畏洲尊者（'Jigs med gling pa, 1729-1798）取巖，所有法彙都屬於密意藏。至於《敦珠新伏藏》，則包含八個教法系統，前四由摧魔洲尊者（即敦珠一世，bDud 'joms rin po che I）取巖，分為：

1）《淨相智網》（*Dag snang ye shes drva ba*）；

2）《甚深法密意自解脫》（*Zab chos dgongs pa rang grol*）；

3）《法性虛空廣大藏》（*Chos nyid nam mkha' i klong mdzod*）；

4）《空行心要》（*mKha' 'gro snying thig*）。

後四由無畏智金剛尊者（'Jigs 'bral ye shes rdo rje, 1904-1987，即敦珠二世，bDud 'joms rin po che II）取巖，分為：

---

[15] 見鳩摩羅什《龍樹菩薩傳》。

1）《海生極密心髓》（*mTsho skyes thugs thig*）；

2）《利刃觸滅》（*sPu gri reg phung*）；

3）《空行極密心髓》（*mKha' 'gro thugs thig*）；

4）《金剛力士》（*rDo rje gro lod*）。

摧魔洲尊者的四個教法系統中，前三屬於密意藏，後一屬於地藏；至於無畏智金剛尊者的四個教法系統，則全屬密意藏。

甯瑪派的行人相信，伏藏法的掘取，不但是蓮師超越時間隔閡，於伏藏師修持定境的淨相中對之作直接傳授，而且所取得的伏藏法，也被認為是最適合當時眾生根器的教法傳承，相比遠傳的佛語傳承，有時甚至更為對機。以是之故，無畏洲尊者於十八世紀中取巖的《廣大心要》、以及於十九世紀末到二十世紀末經兩代敦珠法王陸續取得的《敦珠新伏藏》，於近代便尤受甯瑪派上師的推崇。事實上，於甯瑪派而言，所謂「新伏藏」（gter gsar），一般指伏藏主洲不變金剛（Gter bdag gling pa 'Gyur med rdo rje, 1646-1714）及往後伏藏師所掘取的伏藏[16]。依此來說，《廣大心要》與《敦珠新伏藏》都屬於極近傳承的「新伏藏」。

本書主要以《廣大心要》的前行法為例，輔以《敦珠新伏藏》的部份讚頌，以說明甯瑪派前行修習的理趣。二者皆為蓮花生大士巖藏的伏藏法。近年亦有甯瑪派的道場兼修這兩個伏藏，例如索甲甯波車（Bsod rgyal rin po che, 1947-）的「本覺會」（Rigpa），即有不少學人先修《敦珠新伏藏》的

[16] M. Kapstein & G. Dorje, trans., *The Nyingma School of Tibetan Buddhism Vol. II, Reference Materials* (Boston: Wisdom Publications, 1991): 253。

前行法，至嫻熟後才開始《廣大心要》的前行修習。然而，蓮師的眾多伏藏法門雖因應有情之根器而有修習上的不同重點，但本質上，各個伏藏法門都是本自具足，各有完整的教法體系，引導行者由基礎的前行修習次第直證大圓滿的本智境界。下來的討論，即以介紹《廣大心要》的體系、修證次第與前行法的關聯為主。

## 二、《四部心要》與《廣大心要》

藏語「Klong chen snying thig」，嚴定法師譯作「廣大心要」，偏向於意譯；根造上師譯作「大界心髓」，則為直譯；許明銀譯作「悟境精義」、念慈法師譯作「深慧心髓」，亦屬意譯為主。此外，亦有譯作「龍欽寧體」、「龍欽心髓」、「隆欽心髓」等等不一。

「Klong chen」，若作直譯，即「大界」之意，用以形容與如來本智無二之法界的廣大無央；「snying thig」，乃指心要、精義，用以形容此教法之深邃以及說明此法門於甯瑪派教法中之部居。另一方面，無畏洲尊者稱此法彙為「Klong chen snying thig」，亦有向龍青巴尊者（Klong chen pa）謹伸敬仰之意，以此伏藏法乃尊者於定中受龍青巴尊者的加持而取得。

本書沿用嚴定法師的翻譯，認為此譯較佳。上來所列諸多翻譯之中，音譯者未能表其義；直譯之「大界心髓」，於漢語而言，則僅帶出了空間上的廣闊之意，而未能同時有如藏語般亦具有本智境界廣大的意趣；意譯之中，「深慧心髓」過分強調了能證之「深慧」，而「悟境精義」卻又過於偏向所證的「悟境」，然二者實為一味而無可分割、無有偏重。況且，甯瑪派一向強調如來的所證「智」（jñāna; ye shes）法爾，與道上菩薩及修行人依修持力而證得的「慧」（prajñā; shes rab），不能混為一談，因此即使強調為「深」慧，亦非「大圓滿」現證的佛智境界。嚴定法師之譯「klong chen」為「廣大」，即妙在能語帶雙關，不落於能證智與所證境之邊際，卻又能把「klong chen」之含意帶出；然而，此譯亦非無缺點，是即未能明顯帶出與龍青巴尊者的關連。至於把「snying thig」譯作「心要」亦佳，因為「yang thig」比「snying thig」還要深密，是故本文亦依嚴定法師，把「snying thig」譯作「心要」，而把「yang thig」譯作「心髓」。

❋ ❋ ❋

《廣大心要》屬於無上瑜伽口訣部的法門。口訣部份為四部（skor bzhi）：外部（phyi skor）、內部（nang skor）、密部（gsang skor）、密密部（gsang ba bla med skor），因此無畏洲尊者於《廣大心要》亦同樣作此四部之分。

口訣部的教法，於見地的抉擇而言，著重辨別阿賴耶（kun gzhi）與法身（chos sku）、辨別心（sems）與本覺（rig pa）、辨別意（yid）與般若（shes rab），以及辨別識（rnam shes）與智（ye shes）。如此等等，於《廣大心要》中之《大圓滿分辨口訣・智慧三要》（*Klong chen snying gi thig le las rdzogs pa chen po'i gnad gsum shan 'byed ye shes gnad gsum shan 'byed*）一篇有詳說。[17]

[17] 讀者亦可參考摧魔洲尊者所造之《無修佛道 —— 現證自性大圓滿本來面目教授》，收本叢書系列。此論亦為大圓滿口訣部的甚深教法。

於觀修而言，則引導行者立斷（khregs chod）一切分別執實而現見法界之本淨體性（ka dag）、頓超（thod rgal）識境之種種迷亂而了悟諸法之任運成就（lhun grub）自顯現。雖然此等教授紹演成各種傳規，但全部教法均可歸納於兩大源流：

1）由無垢友傳入西藏的教法，所據主要為《十七續》（*rGyud bcu bdun*），總攝而成《無垢心要》（*Vima snying thig*）；

2）由蓮花生傳入西藏的教法，所據主要為《光界熾燃續》（*Klong gsal 'bar ma*），總攝而成《空行心要》（*mKha' 'gro snying thig*）。

由此更開演，即為後代眾多甯瑪派口訣部的「心要」（snying thig）教授，除《廣大心要》以外，還有《吉尊心要》（*lCe btsun snying thig*）、《噶瑪心要》（*Karma snying thig*）、《光明心要》（*'Od gsal snying thig*）、《金剛薩埵心要》（*rDo sems snying thig*）、《海心要》（*mTsho rgyal snying thig*）、《遍照護心要》（*Vairocana'i snying thig*）等。

然而，口訣部的「心要」教法，自九世紀朗達瑪（Glang dar ma, 803-842）滅佛以後，至十四世紀時已幾近湮沒。將此法系重新整理弘揚的，是蓮花業緣力尊者（Padma las 'brel rtsal, 1291-1315）與龍青巴尊者（Klong chen rab'byams pa, 1308-1363）兩位。[18]尤其龍青巴尊者，不但領《空行心要》及《無垢心要》兩部傳承，並為之作註釋與補充，釋《空行心要》而成《空行心髓》（*mKha' 'gro yang thig*），釋《無垢心要》而成《上師心髓》（*Bla ma yang thig*），復糅合《空行心要》

[18] Tulku Thondup (1996): 34-37。

與《無垢心要》成《甚深心髓》（*Zab mo yang thig*）。如是，兩部根本《心要》與兩部《心髓》，即合稱為《四部心要》（*sNying thig ya bzhi*）。Trulku Tsewang, Jamyang 及 L. Tashi 版的《四部心要》[19]，共十一函。其中，第一函所收，為《上師心髓》；第二、第三函所收，為《空行心要》；第四、第五、第六函所收，為《空行心髓》；第七、第八、第九函所收，為《無垢心要》；第十、第十一函所收，為《甚深心髓》。

龍青巴尊者

龍青巴尊者又把《四部心要》的精華，融合於他所造的論著之中，如《七寶藏》（*mDzod bdun*）、《三自解脫》（*Rang grol skor gsum*）等，令心要教法大顯，於往後甯瑪派的發展中，影響極為深遠。《四部心要》亦與《廣大心要》息息相關，甯瑪派的上師都視《廣大心要》的根本法彙（klong chen rtsa pod，全部內容臚列於後）已盡攝《四部心要》的精髓。於後頁且詳列龍青巴於兩部《心要》的傳承：

---

[19] *Snying-thig Ya-bzhi*, 11 Vols. Reprinted by Trulku Tsewang, Jamyang and L. Tashi. New Delhi, 1970。

# 《無垢心要》

法身普賢王如來（Samantabhadra）
|
報身金剛薩埵 （Vajrasattva）
|
化身俱生喜金剛（dGa’ rab rdo rje）
|
文殊師利友（Mañjuśrīmitra）
|
吉祥獅子（Śrīsiṃha）
|
智經（Jñānasūtra）
|
無垢友（Vimalamitra）
|
仰 • 定賢（Nyang Ting ’dzin bzang po）
|
熾寶（’Bro Rin chen ’bar ba）
|
慧自在（Blo gros dbang phyug）
|
頓成幢尊者（gNas brtan lDang ma lhun rgyal）
|
極尊 • 獅子自在（lCe btsun Sen ge dbang phyug）
|
祥師 • 吉祥金剛（Zhang ston bKra shis rdo rje）
|
日塔（Nyi ’bum）
|
覺白上師（Guru Jo ’ber）
|
錯亂永滅 • 獅子背（’Khrul zhig seng ge rgyab pa）
|
鏡金剛（Me long rdo rje）
|
持明童王（Kumārarāja/Kumāradza）
|
龍青巴 （Klong chen rab ’byams pa）

## 《空行心要》

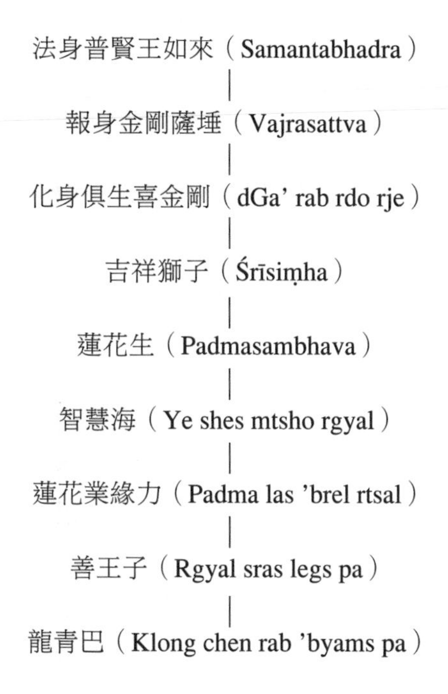


於《本生祈請文》（*'Khrungs rabs gsol 'debs*）中，無畏洲尊者自述其前生之轉世，包括俱生喜金剛（dGa 'rab rdo rje）、赤松德真（Khri srong lde'u btsan）、岡波巴尊者（sGam po pa, 1079-1153）、龍青巴尊者、雅里班禪蓮花自在力（mNga' ris pan chen Padma dbang rgyal, 1487-1542）、法主洲（Chos rje gling pa, 1682-1725）等。[20]依此，龍青巴尊者與無畏洲尊者雖相隔三百年，固然不能視為同一人，但卻是同一大悲相續的示現，是

[20] 詳見 Steven D. Goodman, "Rig-'dzin 'Jigs-med gling-pa and the *kLong- Chen sNying-Thig*," in Steven D. Goodman and Ronald M. Davidson, eds., *Tibetan Buddhism: Reason and Revelation* (Albany: State University of New York Press, 1992): 133-146。

故兩人可說是非一非異。兩部流注於龍青巴自心的《心要》傳承，亦同樣潤澤無畏洲尊者的心田。

## 三、無畏洲尊者的傳記與《廣大心要》的取巖

有關無畏洲尊者的傳記，不乏藏文與英文的資料。藏文類的資料有如下的三類：

甲）《廣大心要》根本法彙中之三篇：

1）《空行大密語》（*Klong chen snying gi thig le'i rtogs pa brjod pa dakki'i gsang gtam chen mo*）；

2）《秘密心境傳記・水月舞》（*gSang ba chen po nyams snang gi rtogs brjod chu zla'i gar mkhan*）；

3）《關要標題・心篋》（*gNad byang thugs kyi sgrom bu*）。

此三篇都可歸類為尊者的祕密傳記，當中《心篋》一篇為伏藏典籍，記載有關《廣大心要》的各種授記，而其餘兩篇則為尊者於取巖後所造，詳述取得伏藏的過程。

乙）無畏洲尊者另造有四篇自傳：

1）《大圓滿行者自生金剛智悲光之真實傳記》（*Yul lho rgyud du byung ba'i rdzogs chen pa rang byung rdo rje mkhyen brtse'i 'od zer gyi rnam par thar pa*）[21]；

2）《大圓滿行者自生金剛之真實傳記・證道歌之莊嚴》（*rDzogs chen pa rang byung rdo rje'i don gyi*

---

[21] 收《無畏洲全集》，*ta* 函：1-500。

*rnam thar do ha'i rgyan*）[22]；

3）《持明無畏洲之本生祈請文》（*Rig 'dzin 'Jigs med gling pa'i 'khrungs rabs gsol 'debs*）[23]；

4）《持明無畏洲本生傳記集》（*Rig 'dzin 'Jigs med gling pa'i 'khrungs rabs rnam thar nyung bsdus*）[24]；

此中第一、二篇分別為廣傳於略傳；第三篇略述過去世之轉生；第四篇詳述前世每一段轉生之事業。

丙）由無畏洲所傳《廣大心要》法系中，歷代也有不少上師為尊者造傳，其中包括：

1）無畏事業光造《大圓滿行者自生金剛之傳記祈請文》（*rDzogs chen pa rang byung rdo rje'i rnam thar gsol 'debs*）[25]；

2）不變具福海（Shakya'i dge slong 'gyur med skal ldan rgya mtsho）造《廣大心要總目・次第利樂門・離欲鑰匙》（*Klong chen snying gi thig le'i bzhugs byang dkar chag gi rim pa phan bde'i sgo 'khar 'byed pa'i lde mig*）；[26]

3）普賢了義大界（Rig 'dzin Kun bzang nges don klong yangs）造《西藏舊傳密咒之建立・歷代殊勝持

---

[22] 收《無畏洲全集》，*ta* 函：501-509。

[23] 收《無畏洲全集》，*ca* 函：709-710。

[24] 收《無畏洲全集》，*ca* 函：721-728。

[25] 收《廣大心要》，第四函：13-16。

[26] East Asiatic Library Tibetan Collection, text no. 256, University of California, Berkeley。

法聖者傳記寶》（*Bod du byung ba'i gsang sngags snga 'gyur gyi bstan 'dzin skyes mchog rim byon gyi rnam thar nor bu'i do shal*）；

4）工珠·無邊慧（'Jam mgon Kong sprul blo gros mtha' yas）造《伏藏師百傳》（*Gter ston brgya rtsa'i rnam thar*）[27]；

5）金剛幢（rDo rje rgyal mtshan）造《遍智法王持明無畏洲之圓滿教法總集》（*Kun mkhyen chos gyi rgyal po Rig 'dzin 'Jigs med gling pa'i bka' 'bum yongs rdzogs kyi bzhugs byang chos rab rnam 'byed*）；

6）蓮花勝者（Zhe chen rgyal tshab Padma rnam rgyal）造《甯瑪派與其餘藏傳佛教修證密法之簡史》（*A Concise Historical Account of the Techniques of Esoteric Realisation of the Nyingmapa and other Buddhist Traditions of Tibet, being the text of sNga 'gyur rdo rje theg pa gtso bor gyur pa'i sgrub brgyud shig rta brgyad kyi byang ba brjod pa'i gtam mdor bsdus legs bshad padma dkar po'i rdzings bu*）；

7）無畏智金剛造《甯瑪派教法源流·帝釋勝王戰鼓妙音雷》（*Gangs ljongs rgyal bstan yongs rdzogs kyi phyi mo snga 'gyur rdo rje theg pa'i bstan pa rin po che ji ltar byung ba'i tshul dag cing gsal bar brjod pa lha dbang g.yul las rgyal ba'i rnga bo che'i sgra dbyangs*）。

---

[27] 收《大寶伏藏》（*Rin chen gter mdzod chen mo*）第一函：291-759。

近代西方對無畏洲生平的研究，可參考Steven D. Goodman的博士論文[28]，此為西方專研《廣大心要》最早期的論著。Goodman摘取論文中部份內容而發表的〈持明無畏洲與《廣大心要》〉一文[29]，即主要對無畏洲尊者取巖的過程作出具體描述。另外，近年亦有哈佛大學佛學系教授 Janet Gyatso 的研究[30]，不但把《空行大密語》及《水月舞》兩篇譯為英文，而且亦從不同的學術角度作出深入探討。

❊ ❊ ❊

無畏洲尊者

---

28 Steven D. Goodman, The Klong-Chen Snying-Thig: *An Eighteenth Century Tibeatn Revelation*. Unpulibhsed Ph.D. Thesis, Department of Far Eastern Studies, University of Saskatchewan, 1983。

29 Steven D. Goodman (1992)。

30 Janet Gyatso, *Apparitions of the Self: The Secret Autobiographies of a Tibetan Visionary* (Princeton: Princeton University Press, 1998)。

茲參考《水月舞》及敦珠法王《甯瑪派教法源流》等諸篇，略述尊者生平如下：

無畏洲尊者出生於藏曆第十二勝生土鼠年十二月十八日（即西元1730年2月6日）[31]。傳統認為此誕辰極為吉祥，因為這剛好是龍青巴尊者圓寂之月日。大乘佛教向來認為菩薩乃因應不同的因緣而作大悲應化。對甯瑪派的學人而言，無畏洲尊者的出生可視為延續龍青巴教化事業的吉兆。

尊者年六歲入於語自在慶喜善生（gNas gsar ba Ngag dbang kun dga' legs pa'i 'byung gnas, 1704-1760）座前，得語自在慧賢蓮花活佛（Ngag dbang blo bzang padma）為其剃度，取法名蓮花智悲光（Padma mkhyen brtse'i 'od zer）。其後獲普賢光上師（gNas brtan kun bzang 'od zer）授與佛智足尊者（Buddhajñānapāda）之《解脫明點》（*Grol thig*）及佛洲尊者（Sangs rgyas gling pa, 1340-1396）之《上師密意集》（*Bla ma dgongs 'dus*）等灌頂與傳承。於十歲時亦開始了聲明、工巧明、醫方明及因明的學習。

十三歲時，從持明持悲金剛（Rig 'dzin Thugs mchog rdo rje）處得《大手印・智見解脫》（*Phyag rgya chen po ye shes mthong grol*）等教授，而初得心相續成熟。尊者以持悲金剛為他的根本上師。此後更獲甯瑪派之重要教誡與教法傳授，包括教傳法（bka'ma）中之八大嘿嚕嘎（bka' brgyad）及寂忿尊（zhi khro）等修習，由是得種種次第之成熟與解脫。尊者出家的吉祥山寺（dPal ri），與鄰近敏珠林寺（sMin grol gling）的傳承極為相

---

[31] 有關藏曆與西曆的折算，參Dieter Schuh, *Untersuchungen zur Geschichte Der Tibetischen Kalenderrechnung* (Verzeichnis Der Orientalischen Handschriften In Deutschland, Supplementband 16). (Wiesbaden: Franz Steiner Verlag, 1973)。

近。因此，無畏洲尊者亦同樣獲授敏珠林寺伏藏主洲不變金剛（gTer bdag gling pa 'Gyur med rdo rje, 1646-1714）、法吉祥尊者（Lo chen Dharmasri, 1654-1717）等多個伏藏法門。

至二十八歲時，尊者於吉祥山寺開始了為期三年又五個月（1756-1759）的閉關，主修大伏藏師般若光（Shes rab 'od zer, 1517-1584）的《解脫明點•密意自解脫》（*Grol thig dgongs pa rang grol*）中之生圓次第；於甚深教法難以抉擇處，則主要依據龍青巴《七寶藏論》而得疏理。尊者於關中的等持境中，現起種種殊勝境界，得到文殊師利友及空行之加持，且於完成第一年的閉關時，已現得深廣的定中淨相，是為日後取出《廣大心要》伏藏的重要基礎。

三年閉關期滿後，尊者旋即於桑耶的修行關房（bSam yas mchims phu），繼續另外三年（1759-1762）的閉關修習。期間，於定中面見龍青巴尊者三次。無畏洲尊者視此三次的定中境界，為龍青巴尊者分別對他作身、語、意的加持。

無畏洲尊者關房

尊者於出關後，擇期將他於定中取得的伏藏整理寫出，成《大圓滿廣大心要》，另造有《功德藏》（*Yon tan mdzod*）等重要論著。《廣大心要》法緣極廣，利益有情無數。

❇ ❇ ❇

於此略述無畏洲尊者之生平，主要帶出此《廣大心要》法彙於法脈上與龍青巴尊者的關係之深。值得留意的是，無畏洲尊者於定中得龍青巴尊者的加持與教授，與其他宗教之所謂於夢中得仙人指點、又或聖靈降臨而作啓示等等，有著根本的不同處：無畏洲視龍青巴為自己前世的轉生之一，是即不是一個「我」（靈魂或個體）跟另一個「我」之間的溝通與對話。我們不妨理解此為無畏洲尊者於修持定中，其心相續中本具清淨分對自己的啟發。如是與釋迦的「無我」教法並無抵觸之餘，亦合於如來藏教法的本意。龍青巴尊者於無畏洲的定中示現，亦可視為無畏洲尊者現證如來藏的顯露，此亦即尊者自心的「智上師」（ye shes bla ma）或「普賢上師」（kun bzang bla ma）的展露。

行者若能對無畏洲尊者的傳記如理抉擇，於修習前行法中開首的身、語、意加持、又或修習上師瑜伽時，應能別有體會。

## 四、《廣大心要》的內容

現今流傳的《廣大心要》法彙，有多種版本。最早的德格版（Derge edition）由噶陀活佛不動壽灌勝成就尊者（Kaḥ thog dGe rtse sprul sku 'Gyur med tshe dbang mchog grub, 1761-1829）

編校、德格王妃及無畏事業光（第一世多竹千）審訂，收入今時流通的德格版《無畏洲全集》（*'Jigs gling gsung 'bum*）第七、第八函[32]。此外，拉薩版（Lhasa edition）的《無畏洲全集》，雖然所取版本大都與德格版相同，但其中所收的《廣大心要》，則取涅穹寺（gNas chung lcog）的木刻版，此亦作兩函刊行[33]。現時流通最廣的，則是阿宗珠巴（A 'dzom 'brug pa, 1842-1924）倡印的三函版（分 Oṃ、Āḥ、Hūṃ 三函）[34]。此三函版的《廣大心要》亦收進工珠・無邊慧（Kong sprul blo gros mtha' yas, 1813-1899）所編之《大寶伏藏》（*Rin chen gter mdzod chen mo*）第106至108函。茲按阿宗寺版的《廣大心要》，臚列全部內容如下：

## Oṃ 函

1. *Klong chen snying gi thig le'i rtogs pa brjod pa ḍākki'i gsang gtam chen mo*[35]
   （《空行大密語》）

2. *gSang ba chen po nyams snang gi rtogs brjod chu zla'i gar mkhan*[36]
   （《秘密心境傳記・水月舞》）

---

[32] Pema Thinley, ed., *The Collected Works of 'Jigs-med-glin-pa Ran-byun-rdor-rje Mkhyen-brtse'i 'od-zer (1730-98)*, Derge Edition. Gangtok, India, 1985。

[33] Sonam T. Kazi, ed., *The Collected Works of Kun-mkhyen 'Jigs-med-glin-pa*, Lhasa Edition. Ngagyur Nyingmay Sungrab series, volumes 29-37. Gangtok, India, 1970-75。

[34] Ngawang Sopa, ed., *Klong chen snying thig*, A 'dzom chos sgar edition. New Delhi, India, 1973.

[35] 英譯見 Janet Gyatso (1998): 55-61。

[36] 英譯見 Janet Gyatso (1998): 15-54。

3. *gNad byang thugs kyi sgrom bu*
（《關要標題•心篋》）

4. *Rig 'dzin rtsa brgyud thod pa'i dum bu*
（《持明根本續•顱片》）

5. *Rtsa dbang rgyal thabs spyi blugs*
（《根本灌頂•勝法淨瓶》）

6. *Klong chen snying gi dbang gi spyi don snying po don gsal*
（《灌頂大義心要》）

7. *Phyi sgrub bla ma'i rnal 'byor yid bzhin nor bu*
（《上師相應外修法》）

8. *dKyil 'khor thams cad kyi ngo bob bla ma mchod pa'i chog dngos grub rgya mtsho*
（《殊勝上師供養•成就大海》）

9. *Zangs mdog dpal rï'i smon lam dpal rï'i gsang lam*
（《吉祥山祈願文•末法時代之祈願文》）

10. *Brgyud 'debs byin rlabs char rgyun*
（《傳承祈請文》）

11. *Nang sgrub rig 'dzin 'dus pa*[37]
（《持明總集內修法》）

12. *Rig 'dzin gyi gab byang gnad kyi mig tshags*
（《持明修法密頁・深密關要》）

---

37 此有二漢譯本：1）嚴定法師《大圓滿廣大心要總持明內修法儀軌》；2）法護《龍欽寧體內成就持明總集》（台北：大藏文化，1993）。英譯本見Tulku Thondup, trans. *The Assemblage of Vidyadharas of Long-Chen Nying-Thig* (Gangtok: Indraprastha Press, 1980 [revised 1991])。

13. *Rig 'dzin bsnyen yig dngos grub kyi za ma tog*
（《持明總集修念導引》）

14. *Rig 'dzin tshe sgrub bdud rtsi bum bcud*
（《長壽修法•甘露瓶精華》）

15. *Rig 'dzin tshe sgrub dmigs gnad gal mdo*
（《長壽修法•觀緣關要》）

16. *Tshe sgrub bdud trsi bum bcud kyi dbang bshad lhan thabs su byas pa*
（《長壽灌頂補遺》）

17. *Yum ka bde chen rgyal mo'i lo rgyus*[38]
（《大樂佛母母尊歷史》）

18. *Yum ka'i byin rlabs dbang gi cho ga*
（《母尊灌頂儀軌》）

19. *Yum ka mtsho rgyal bde chen rgyal mo'i rtsa ba'i sgrub pa bde chen dpal phreng*[39]
（《母尊海王大樂佛母根本修法•大樂吉祥鬘》）

20. *Klong chen snying thig gi yum ka bde chen rgyal mo'i rtsa ba'i bsnyen yig*
（《母尊修法根本導引》）

21. *Yum ka bde chen rgyal mo'i bsnyen yig yang gsal lus dkyil mngon brjod*
（《母尊修法釋疑•身壇城》）

---

[38] 漢譯見法護《龍欽寧體•大樂佛母講解合集》（台北：大藏文化，2004）。

[39] 漢譯見法護《龍欽寧體•大樂佛母根本成就法》（台北：大藏文化，2004）。英譯見Tulku Thondup, trans. *The Queen of Great Bliss of Long-Chen Nying-Thig* (Gangtok: Indraprastha Press, 1992)。

22. *Yum ka mkha' 'gro'i bdag 'jug dbang don rab gsal*
（《母尊自入行儀・灌頂義極明》）

23. *Rig 'dzin yum ka'i me mchod las bzhi'i bang mdzod*
（《火供・四事業寶庫》）

24. *mKha' 'gro bde chen rgyal mo las sku gsum bdud rtsi'i bcud len*
（《三身甘露辟谷法》）

25. *Yum ka mkha' 'gro'i nang sgrub bde chen snying po'i gter bum*
（《大樂藏瓶內修法》）

26. *sGrol ma maṇḍal bzhi pa'i cho ga klu dbang dgongs rgyan*
（《度母四曼達儀軌・龍王意嚴》）

27. *Yum ka mkha' 'gro bde chen rgyal mo las mkha' 'gro'i bsun bzlog ngo mtshar snang ba*
（《息滅空行忿惱・希有景相》）

28. *mKha' 'gro'i bsun bzlog gi grangs gsog nyer bsdu dang skong bshags kyi 'dzun*
（《息滅空行忿惱計數略法・供酬懺悔文》）

29. *Yum ka bde chen rgyal mo las dpa' bo dpa' mo'i bsun bzlog*
（《息滅勇士勇母忿惱法》）

30. *Yum ka mkha' 'gro'i las tshogs bzhi pa dang 'brel par / tshe dbang gi mtshams sbyor*
（《長壽灌頂之開示》）

31. *Yum ka mkha' 'gro'i las tshogs las / gter bum sgrub pa'i lhan thabs*
（《招財引福藏瓶修軌補遺及驅逐損耗鬼法》）

32. *bDe ba can du bgrod pa'i cho ga dpag med myur lam*
（《極樂剎土儀軌・利他事業》）

33. *bDe can zhing bkod smon lam*（*bde ba can gyi bstod smon lam*）
（《極樂剎土祈願文》）

34. *mKha' 'gro'i las tshogs bco lnga pa sgrib sbyong gnas lung gi cho ga dag byed gter bum*
（《淨障薦拔儀軌・清淨藏瓶》）

35. *Yum ka bde chen rgyal mo las sgrol ma rnal 'byor ma la brten nas dug dbyung byabs bkrus lhan thabs*
（《拔毒除晦清洗污垢補遺》）

36. *Yum ka mkha' 'gro'i las tshogs las bla bslu'i lhan thabs srog 'tsho'i ljon pa*
（《招魂活命樹》）

37. *Yum ka'i gsang sgrub seng ge'i gdong can las dbang chog byin rlabs chun po*
（《母尊密成就獅面空行灌頂儀軌》）

38. *Yum ka'i gsang sgrub seng ge'i dgong can gyi gsol 'debs byin rlabs char 'bebs*
（《母尊密成就獅面空行祈請文・加持雨降》）

39. *Yum ka'i gsang sgrub seng ge'i dgong can*[40]
（《母尊密成就獅面空行事業儀軌》）

40. *Yum ka'i gsang sgrub seng ge'i dgong can gyi bsnyen yig dngos grub rgya mtsho'i 'jug ngogs*
（《母尊密成就獅面空行修法導引》）

41. *Yum ka'i gsang sgrub seng ge'i dgong can las bsrung bzlog byad ma stobs 'joms*
（《母尊密成就獅面空行守護回遮摧毀詛咒》）

42. *Yum ka'i gsang sgrub seng ge'i dgong can las byad 'grol gnam lcags 'khor lo*
（《母尊密成就獅面空行禳解詛咒・霹靂轉》）

43. *Yum ka'i gsang sgrub seng ge'i dgong can las gtor bzlog byad gdon g.yul 'joms*
（《母尊密成就獅面空行食子回遮法・摧毀詛咒、魔敵、戰爭》）

44. *Yum ka'i gsang sgrub seng dgong ma'i gtor zlog gi bca' gzhi gnad kyi yig chung*
（《母尊密成就獅面空行所立基之關要小文》）

45. *gSang sgrub seng ge'i gdong can las phrin las gzhan phan 'khor lo*
（《密成就獅面空行利他事業輪》）

46. *Chog gsum gyi spyi chings dpal chen zhal lung*
（《大吉祥集・口授總義》）

---

[40] 漢譯見法護《龍欽寧體・母尊密成就獅面空行儀軌》（台北：大藏文化，2004）。

47. *dPal chen brgyud pa'i gsol debs*[41]
（《大吉祥集 • 傳承祈請文》）

48. *Rig 'dzin thugs sgrub drag po dpal chen 'dus pa*[42]
（《意修威猛大吉祥集儀軌》）

49. *Thugs sgrub dapl chen 'dus pa'i bsnyen yig*
（《大吉祥集 • 修法導引》）

50. *dPal chen bka' 'dus rgya mtsho las 'jam dpal gshin rje 'chi bdag zil gnon*
（《鎮伏死主閻曼德迦儀軌》）

51. *dPal chen bka' 'dus rgya mtsho las rta mgrin khams gsum rol pa*
（《馬頭金剛修法 • 三界遊戲》）

52. *dPal chen bka' 'dus rgya mtsho las yang dag sangs rgyas mnyam sbyor*
（《真實佛陀雙運修法》）

53. *dPal chen bka' 'dus rgya mtsho las phur pa bdud dpung zil gnon*
（《普巴修法 • 鎮伏魔軍》）

54. *bKa' 'dus chos kyi rgya mtsho las dpal chen phyag rgya rgyas pa*
（《大吉祥集 • 手印廣文》）

---

41 漢譯見法護《龍欽寧體・大吉祥集會八大嘿嚕嘎儀軌》（台北：大藏文化，2005）。

42 見上註。

## Āḥ 函

1. *Thugs sgrub dpal chen 'dus pa las khrag 'thung rigs bzhi'i sgos dbang*
（《飲血四部不共灌頂》）

2. *dPal chen bka' 'dus rgya mtsho las grubs pa'i khog 'bubs rin po che'i za ma tog*
（《修法綱要•大寶篋》）

3. *Thugs sgrub dpal chen 'dus pa las he ru ka rigs bzhi'i sgos sgrub bsnyen pa'i dmar byang*
（《四部修法導引》）

4. *Klong snying bka' 'dus rgya mtsho las bdag 'jug dbang don rgya mtsho*
（《自入行儀•灌頂義海》）

5. *Thugs sgrub dpal chen 'dus pa las rol pa chen po'i gtor bzlog*
（《大遊戲食子回遮法》）

6. *Thugs sgrub dpal chen 'dus pa las rol pa chen po'i gtor zlog gi gzer kha zab mo gud du byung*
（《甚深隱密橛》）

7. *dPal chen srung bzlog 'khor lo yi zhal shes gnad don gsal byed bzhugs*
（《守護回遮輪親訓》）

8. *Klong chen snying gi thig li las che mchog bdud rtsi 'khyil ba yon tan 'dus pa'i dkyil 'khor*
（《大殊勝甘露漩集輪儀軌》）

9. *sMan sgrub lag len zin tho*
（《修藥實踐筆記》）

10. *bsKyed rim gyi rnam gzhag 'og min bgrod pa'i them skas*
（《生起次第•往生色究竟天淨土之階梯》）

11. *Rig 'dzin zhi drag gi sbyin sreg ye shes me lce*
（《寂忿護摩法》）

12. *dPal chen bka' 'dus rgya mtsho las las bzhi mchog dang lnga'i sbyin sreg dngos grub rgya mtsho'i za ma tog*
（《四事業立勝護摩法》）

13. *Klong chen snying gi thig le las bskong bshags rdo rje'i thol glu*
（《供酬懺悔•金剛歌》）

14. *Klong chen snying gi thig le las gsang sgrub thugs rje chen pos sdug bsngal rang grol*[43]
（《大悲觀音苦自解脫密修法》）

15. *Thugs rje chen pos sdug bsngal rang grol gyi cho ga'i dka' 'grel dbyar gyi rnga gsang*
（《苦自解脫密修法釋難•雷音》）

16. *Thugs rje chen pos sdug bsngal rang grol las dbang don bdag 'jug gsal ba*
（《自入行儀•灌頂義明》）

[43] 漢譯本有法護《龍欽寧體・密成就大悲觀音・苦自解脫及會供・酬懺・傳承祈請文合集》（台北：大藏文化，2004）。

17. *Thugs rje chen pos sdug bsngal rang grol las pra khrid dmar byang gnad yig*
（《圓光占卜顯明導引》）

18. *'Phags pa'i gsol 'debs zhal mthong ma*
（《得見尊容祈請文》）

19. *Klong chen snying gi thig le las rta mgrin 'dus pa'i sgrub thabs*
（《馬頭金剛集會忿怒修法》）

20. *Yang gsang bla ma'i sgrub pa thig le'i rgya can gyi brgyud 'debs byin rlabs char 'bebs*[44]
（《密密上師成就明點印 • 前後儀軌合本》）

21. *Klong chen snying gi thig le las bla ma drag po rta khyung 'bar ba*[45]
（《威猛上師馬鵬熾燃儀軌》）

22. *Bla ma drag po rta khyung 'bar ba las dbang dang bsnyen pa'i gnad yig*
（《馬頭金翅灌頂與修念關要》）

23. *Bla ma drag po rta khyung 'bar ba las klu'i gdon 'grol 'og gdon mthar byed*
（《禳解龍魔災》）

---

44 漢譯見法護《龍欽寧體・更密上師成就具明點印》（台北：大藏文化，2001）。

45 漢譯見法護《龍欽寧體・忿怒上師馬鵬熾燃儀軌》（台北：大藏文化，2004）。

24. *Klong chen snying gi thig le las gzhi lam 'bras bu'i smon lam*[46]
（《基道果祈願文》）

25. *sKu gsum zhing khams sbyong ba'i gsol 'debs smon lam*[47]
（《淨三身刹土祈願文》）

26. *Bar do'i smon lam dgongs gcig rgya mtsho*
（《中有祈願文》）

27. *bDen tshig grub ba'i pra ni dha na rnam mkhyen grong 'jug*
（《成就真實詞句祈願文》）

28. *Klong chen snying gi thig le las rgyal ba rig 'dzin gyi srog 'khor dpal gyi gdu bu*
（《命輪・吉祥釧鐲》）

29. *Zhi khro ngan song sbyong ba'i chog bsgrigs khrom dkrugs gsal ba'i rgyan zhes bya ba brlags chog mar rkod pa*
（《寂忿錯綜編排・顯明莊嚴儀軌》）

30. *Zhi khro ngan song sbyong ba la brten pa'i zhib dpyod lhan thabs*
（《寂忿儀軌評察補遺》）

31. *Zhi khro ngan song sbyong ba'i bskyed rim lab 'phros pa'i yang yig bka' gnad rgya grol*
（《入寂忿儀軌難處廣釋》）

---

[46] 英譯見 Sam van Schaik, *Approaching the Great Perfection: Simultaneous and Gradual Methods of Dzogchen Practice in the Longchen Nyingtig* (Boston: Wisdom Publications, 2004): 167-169。

[47] 漢譯本有念慈法師之《淨三身刹土祈願文》。

32. *Klong chen snying gi thig le las nyams chags skong ba'i man ngag*
（《本尊灌之名目以及酬補衰退口訣》）

33. *rDo rje'i lha mo bcu drug gi mchod phreng dril za'i rgyud mangs*
（《供養寶鬘・尋香琵琶》）

34. *Zhi khro ngan song sbyong ba dang 'brel ba'i sgo nas tshe 'das la phan gdags pa'i cho ga gzhan phan thugs rdze'i dra ba*
（《利濟亡靈儀軌・利他心網》）

35. *Zhi khro ngan song sbyong ba dang 'brel bar tshe 'das kyi phung po sbyong thabs sgrib gnyis rnam grol*
（《護摩・解脫二障》）

36. *Klong chen snying gi thig le las bka' srung mgon lcam dral*
（《護教姊妹護法》）

37. *Klong chen snying gi thig le las lcam dral gsum gyi srog gtad*
（《護法三兄妹・交付命心》）

38. *Klong chen snying gi thig le las bka' srung lcam dral gnad yig*
（《兄妹護法修法要文》）

39. *Bka' srung ma mgon lcam dral las mdos skong srid pa gzhir bzhengs*
（《靈器酬補・立世間基》）

40. *Bka' srung ma mgon lcam dral las ma mo mkha' 'gro'i 'khrugs skong*
（《酬息空行忿怒》）

41. *Bka' srung ma mgon lcam dral las g.yul mdos bdud dpung zil gnon*
（《戰爭靈器•鎮伏魔軍》）

42. *Ma mgon g.yul mdos kyi bca' gzhi sogs kyi yig chung*
（《戰爭靈器等小文》）

43. *Klong chen snying gi thig le las gza' rgod srog gi spu gri*
（《凶曜命劍及祈請儀•毒氣瀰漫》）

44. *Klong chen snying gi thig le last she ring ma'i srog dbang sbyin pa'i skor*
（《長壽女•交付命心》）

45. *Klong chen snying gi thig le las bka' srung sman btsun mched lnga'i phrin las dpag bsam yongs 'du*
（《供養事業•如意樹》）

46. *Klong chen snying gi thig le las bka' srung sman btsun ma'i gsang ba'i gab yig don yod zhags pa*
（《秘密文•不空絹索》）

47. *Klong chen snying gi thig le las tshe ring ma'i yang yig chig brgyud ma*
（《秘密文中之秘密文•單傳口訣》）

48. *Tshe ring ma'i g.yang 'gugs nyung bsdus*
（《招財引福儀軌》）

49. *gTal dkar ma'i phyugs gta' sdom pa*
（《德噶瑪[48]牲畜興旺法》）

50. *rGyud mgon legs ldan tshogs kyi bdag po'i skong ba*
（《傳承貢波具善象鼻天酬供儀軌》）

51. *Mgon po legs ldan gyi skong ba rgyun khyer*
（《貢波具善常修酬供儀軌》）

## Hūṃ 函

1. *Klong chen snying gi thig le las 'pho ba ma bsgoms sangs rgyas*
（《遷識無修成佛法》）

2. *'Pho ba'i ngo sprod nyung ngu*
（《遷識直指略說》）

3. *Klong chen snying gi thig le las bde stong rlung gi rdzogs rim snyan rgyud shog dril yid bzhin nor bu*
（《樂空修氣‧圓滿次第及其親訓》）

4. *Klong chen snying gi thig le las gtum mo'i 'bar 'dzag yig chung*
（《猛勵火燃滴小文》）

5. *sNyan rgyud shog dril yid bzhin nor bu'i sbas don thabs lam ma bsgoms sangs rgyas*
（《方便道無修成佛拳法》）

---

48 長壽五天女之一。

6. *Klong chen snying gi thig le las rig 'dzin 'khrul 'khor sbas don gsal ba*
（《拳法面授》）

7. *Klong chen snying gi thig le las gtum mo'i gsol 'debs rdo rje'i tshig rkang*
（《猛勵大祈請文・金剛詞句》）

8. *Klong chen snying gi thig le las gcod yul mkha' 'gro'i gad rgyangs*
（《捨身供施修斷法・空行笑聲》）

9. *gCod mkhan rnams kyi nye bar spyad pa'i rnam bshad phyin drug lang tsho*
（《修斷法小文・六度年華》）

10. *Klong chen snying gi thig le las rdzogs pa chen po kun tu bzang po ye shes klong gi rgyud*[49]
（《大圓滿普賢智慧界續》）

11. *Klong chen snying gi thig le las man ngag rdzogs pa chen po'i rgyud phyi ma*[50]
（《廣大心要口訣・大圓滿後續》）

12. *Klong chen snying gi thig le las kun tu bzang po'i dgongs nyams*[51]
（《普賢心境經》）

---

49 英譯見Herbert V. Guenther, *Tibetan Buddhism in Western Perspective* (Emeryville, California: Dharma, 1989): 115-130; Schaik (2004): 137-147。

50 英譯見 Schaik (2004): 148-154。

51 英譯見 Schaik (2004): 155-161。

13. *Klong chen snying gi thig le las rdzogs pa chen po'i gnad gsum shan 'byed ye shes gnad gsum shan 'byed*[52]
（《分辨口訣 • 智慧三要》）

14. *Thun mong gi sngon 'gro sems sbyong rnam pa bdun gyi don khrid thar pa'i them skas*
（《淨治自心之導引 • 解脫之階梯》）

15. *rDzogs pa chen po klong chen snying thig gi thun mong gi sngon 'gro khrid kyi lag len 'debs lugs*
（《共前行導引 • 實修傳規》）

16. *rDzogs pa chen po klong chen snying thig gi thun mong ma yin pa'i sngon 'gro'i khrid yig dran pa nyer gzhag*[53]
（《不共導引 • 安住正念》）

17. *rDzogs pa chen po klong chen snying thig gi gdod ma'i mgon po'i lam gyi rim pa'i khrid yig ye shes bla ma*[54]
（《殊勝導引 • 大圓滿無上智》）

18. *Klong chen snying gi thig le las rdo rje theg pa'i smin grol lam gyi rim pa las 'phros pa'i man ngag gi rgyab brten padma dkar po*[55]
（《論釋 • 顯示灌頂抉擇與瑜伽次第 • 白蓮華》）

---

[52] 英譯見 Guenther (1989): 142-147; Schaik (2004): 162-166。

[53] 根桑澤程（Kun bzang tshe 'phrin）為漢地學人糅合上來二論而成《大圓滿廣大心要前行次第法》。

[54] 此論有二漢譯，皆為根桑澤程（Kun bzang tshe 'phrin）所傳：1）《大圓滿勝慧本覺心要修證次第》（簡名《大圓勝慧》）；2）《大圓滿廣大心要本覺道次第》。

[55] 英譯見 Schaik (2004): 173-207。

19. *Gnas lugs rdo rje'i tshig rkang*[56]
（《根本金剛詞句》）

20. *Rig 'dzin mkha' 'gro dgyes pa'i gsang gtam yid dpyod grub mtha' 'jig pa'i tho lu ma snying phyung lao mthil bkram pa'i man ngag gsang bdag dga' rab dpa' bo'i thol glu kun mkhyen zhal lung bdud rtsi'i thigs pa*[57]
（《根本金剛詞句義釋‧遍智言教》）

21. *sNying tig sgom pa'i bya bral gyi gol shor tshar gcod seng ge'i nga ro*[58]
（《消滅迷亂‧獅子吼》）

22. *rDzogs pa chen po gnas lugs cer mthong*[59]
（《大圓滿實相‧炳然洞見》）

23. *Ri chos zhal gdams ngo mtshar rgya mtsho*
（《山法教授‧希有大海》）

24. *Klong chen snying thig gi gtor ma'i reg zig*
（《食子筆記等根本法類及其零散常需法類》）

25. *rJe grub thob chen pos klong chen nam mkha'i rnal 'byor la dag snang du stsal ba thugs rje byams pa'i man ngag 'gro ba'i srog 'dzin thang stong rgyal po'i zhal gdams ko gru'i 'jigs skyob*
（《蕩樂借波教授‧解救航船險怖》）

---

56 英譯見Ramon Prats, "The Aspiration-Prayer of the Gound, Path and Goal," in G. Gnoli and L. Lanciotti, eds., *Orientalia Iosephi Tucci Memroiae Dictata* (Rome: Serie Orientale Roma LVI, 1985): 1166-1171; Schaik (2004): 170-172。

57 英譯見 Schaik (2004): 208-224。

58 英譯見 Schaik (2004): 225-234。

59 英譯見 Schaik (2004): 235-238。

26. *mDo snangs zung du 'jug pa'i spyod yul lam khyer sangs lam zhugs*
（《顯密雙運・轉妄念為道用》）

27. *bDag nyid chen po bai ro'i sgrub thabs*
（《遍照護大譯師之修法》）

*Rig 'dzin 'Jigs med gling pa la brten pa'i bla ma'i rnal 'byor*
（《依止持明無畏洲之上師相應法》）

*rGyal gdon zhi ba'i sgom bzlas*
（《平息鬼魔之修誦法》）

*bsNyen gnas kyi cho ga bya rgyud bde lam*
（《齋戒儀軌・事部易行道》）

28. *Tshes bcu'i phan yon gsol 'debs dang gu ru'i gsol 'debs*
（《初十祈請文》）

*Tshes bcu'i gsol 'debs*
（《蓮師祈請文》）

29. *Thun mong dang thun min sngon 'gro sogs ngag 'don 'thor bu'i skor*
（《共與不共唸誦類遍智傳規之與水食子・一百補遺相關之眾食子簡易作法素烟、尊烟等生者死者回向文》）

30. *Rab gnas gyi rgyud nas gsungs pa'i mchod phreng kun tu rgyu dang yan lag arga'i cho ga*
（《普遍通用之行供養、寶鬘與熏香供儀軌》）

31. *rTen gsum rab tu gnas pa'i cho ga bkra shis 'dod 'jo*
（《開光儀軌・吉祥如意》）

## 五、《廣大心要》的結構

無畏州尊者把《廣大心要》所有法彙歸類為外、內、密、密密四部，然尊者卻未對之作機械的劃分，判定其中哪部份的修法屬於外、其餘的哪部份屬於內、密或密密。實際上，法彙中的任一修法，依上師的口授指導不同，都能以不同層次來作觀修。即使是前行法，也有密密層次的修習與證悟。

然而，為方便學人瞭解《廣大心要》的結構，噶陀堪布語自在吉祥賢尊者（Kaḥ thog mkhan po Ngag dbang dpal bzang, 1879-1941）（即蓮花業緣力Padma las 'brel rtsal）於《普賢上師言教筆記》（*Kun bzang bla ma'i zhal lung gi zin bris*），把法彙中部份儀軌，作出下來之四部份類[60]：

1） 外成就（phyi sgrub）：上師瑜伽（bla ma'i rnal 'byor）之修習，建立化身成就（sprul sku'i sgrub pa）；

2） 內成就（nang sgrub）：持明總集（rig 'dzin 'dus pa）之修習，建立報身成就（long sku'i grub pa）；

3） 密成就（gsang sgrub）：大悲觀音（thugs rje chen po）之修習，建立空行母成就（mkha' 'gro'i sgrub pa）；

4） 密密成就（yang gsang sgrub）：具明點印（thig le rgya can）之修習，行者能依此成就平等融入本具之

---

[60] Kaḥ thog mkhan po Ngag dbang dpal bzang, *rDzogs pa chen po klong chen snying thig gi sngon 'gro'i khrid yig kun bzang bla ma'i zhal lung gi zin bris* (Bhutan): ff. 189。

智上師（ye shes bla ma mnyam bzhag gis sgrub pa）。

噶陀語自在吉祥賢尊者此配合，只就《廣大心要》法彙中的寂靜持明之觀修而言。若作更廣的分類，則可作下來之歸納[61]：

1） 佛父持明（rig 'dzin yab ka）：

甲） 寂靜持明（rig 'dzin zhi ba）：

i）上師瑜伽

ii）持明總集

iii）大悲觀音

iv）具明點印

乙） 威猛持明（rig 'dzin drag po）：

i）大吉祥集（dpal chen 'dus pa）[62]

ii）馬頭金剛、金翅鳥合修（rta khyung 'bar ba）

2） 佛母持明（rig 'dzin yum ka）：

甲） 大樂佛母（bde chen rgyal mo）

乙） 獅面佛母（seng ge gdong can）

據此歸納，我們可以把上列阿宗寺版的三函《廣大心要》法彙配合如下：

---

[61] 見 Tulku Thondup, *Masters of Meditation and Miracles: The Longchen Nyingthig Lineage of Tibetan Buddhism* (Boston: Shambhala, 1996): 43-45。

[62] 大吉祥集已包含八大嘿嚕嘎的修習。

## Oṃ 函：

1） 傳承與授記 （1. – 4.）

2） 佛父持明

  甲） 寂靜持明

    i）上師瑜伽（7.）

    ii）持明總集（11. – 16.）

  乙） 威猛持明

    i）大吉祥集（45. – 54.）

3） 佛母持明

  甲） 大樂佛母（17. – 36.）

  乙） 獅面佛母（37. – 45.）

## Āḥ 函：

1） 佛母持明

  甲） 寂靜持明

    i）大悲觀音（14. – 18.）

    ii）具明點印（20.）

  乙） 威猛持明

    i）大吉祥集（1. – 13.）

    ii）馬頭金剛、金翅鳥合修（21. – 23.）

Hūṃ 函：

1）遷識（1. – 2.）
2）氣脈（4. – 7.）
3）斷執（8. – 9.）
4）不共大圓滿法彙（10. – 13.）
5）前行（14. – 16.）
6）大圓滿正行（17.）
7）大圓滿法彙（18. – 22.）
8）補遺及餘法（23. – 31.）

若僅就法彙各篇的類別而言，上來共一百三十五種法典，可作二十一項歸類如下[63]：

1）傳承與授記（三種）
2）根本密續及根本灌頂（三種）
3）外上師成就（四種）
4）內上師成就（四種）
5）長壽成就（二種）
6）大樂佛母（二十八種）
7）大吉祥集（二十種）
8）密上師成就（四種）
9）密密上師成就（一種）
10）威猛上師成就（三種）
11）祈願文（四種）
12）寂忿本尊（八種）
13）護法（十六種）

[63] 參 Schaik (2004): 40-41。

14）遷識（二種）
15）氣脈（六種）
16）斷執（二種）
17）大圓滿伏藏法典（四種）
18）前行（三種）
19）大圓滿導引法（一種）
20）補遺（六種）
21）餘法（十一種）

於此可見整個《廣大心要》的法門，所攝的內容極為廣寬，既有伏藏密續，也有灌頂、前行法、大瑜伽的上師本尊觀修、無比瑜伽的氣脈修習、無上瑜伽的大圓滿導引，以至遷識與各種祈願文等。然而，全部內容實際上都是息息相關，締結成次第引導行者直證本具自生智境界、大圓滿證境的一套完整法門。

法彙中以大瑜伽次第的內容較多，無比瑜伽次第的內容則較少。至於屬於大圓滿範圍的典籍，共有十一篇，主要出現於Hūṃ函，分別是《大圓滿普賢智慧界續》、《廣大心要口訣・大圓滿後續》、《普賢心境經》、《分辨口訣 • 智慧三要》、《殊勝導引 • 大圓滿無上智》、《論釋 • 顯示灌頂抉擇與瑜伽次第 • 白蓮華》、《根本金剛詞句》、《根本金剛詞句義釋 • 遍智言教》、《消滅迷亂 • 獅子吼》、《大圓滿實相 • 炳然洞見》及《基道果祈願》。

整個《廣大心要》的修持與行持，即是以大圓滿見為依歸，也以大圓滿之證境為修證果，以甯瑪派許基果雙運（gzhi 'bras zung 'jug）故。全部修習的見（lta ba）、修（sgom pa）、行（spyod pa）、果（'bras bu），皆不離現空無二（snang stong）、現證本智如來藏等抉擇。

## 六、《廣大心要》的修習

《廣大心要》的修習，於甯瑪派主要的敏珠林寺（sMin grol gling）、噶陀寺（Kaḥ thog）、白玉寺（dPal yul）、竹慶寺（rDzogs chen）、多吉扎寺（rDo rje brag）、雪謙寺（Zhe chen）、多竹千寺（rDo grub chen）等，各有不同傳規。以多竹千寺而言，行者先需閉關完成十萬遍前行修習，然後始能修學此伏藏法中各種有關本尊、空行、護法等三根本（rtsa gsum）之修習。完成此等以生起次第為主的修習後，即繼修氣脈（rtsa rlung）或其他大圓滿加行等圓滿次第以至生圓雙運的修法。至學人修習嫻熟時，即由上師依大圓滿見指示心性（sems khrid）。復待學人成熟，上師乃依《無上智》直指其本明覺性（rig pa'i ngo sprod），行者於此乃作輪涅參辨（'khor 'das ru shan），繼而作立斷（khregs chod）與頓超（thod rgal）的觀修，以期現證本具之覺性。

《廣大心要》法彙中，《論釋・顯示灌頂抉擇與瑜伽次第・白蓮花》一篇，把整個巖藏法門的修習過程以瓶灌（'bum）、密灌（gsang）、般若智灌（shes rab ye shes）、名詞寶灌（tshig rin po che）等四個灌頂來作綜納：瓶灌的修習，主要以生起次第（bskyed rim）的觀修本尊壇城為主；密灌的觀修，包括密咒誦修及拙火修習；般若智灌的修持，以圓滿次第（rdzogs rim）的脈風修習為主；最後的名詞寶灌，即為大圓滿的導引法（khrid yig）。於此，即包含了無上瑜伽續中大瑜伽（Mahāyoga）、無比瑜伽（Anuyoga）及無上瑜伽（Atiyoga）的法要。

由四個灌頂法門的修習，行者能現證四瑜伽次第：「專一」（rtse gcig）、「離戲」（spros bral）、「一味」（ro gcig）、「無修」（sgom med），而其次第證量即說為四現分（snang ba bzhi）：「現見法性」（chos nyid mngon sum）、「證量增長」（ynams snang gong 'phel）、「明體進詣」（rig pa chad phebs）、「窮盡法性」（chos nyid zad pa）。

無畏洲尊者以「專一」等噶舉派大手印（mahāmudra）之法名言（chos skad）來概括《廣大心要》的修證次第，以二者都屬「瑜伽行中觀」之系統故。尊者甚至指出，一般認為此四瑜伽次第源自岡波巴尊者（無畏洲過去世之轉生之一），其實不確。此四瑜伽實出自《勝樂輪金剛密續》（*Cakrasaṃvara-tantra*）中之《秘密不思議續》（*Guhyācintya-tantra*），蓮花生大士亦持之教授智慧海，而阿底峽尊者（Atiśa）教法中之四加行，亦同樣出自《勝樂》。尊者又引用大伏藏師般若光（Phreng po gter ston Shes rab 'od zer, 1518-1584）之說，把世間瑜伽（'jig rten gyi rnal 'byor）、見道瑜伽（mthong lam gyi rnal 'byor）、修道瑜伽（sgom lam gyi rnal 'byor）、無學道瑜伽（mi slob pa'i lam gyi rnal 'byor）等四瑜伽次第配合大乘瑜伽行的五道：前一屬加行道，後三則分別屬見道、修道與無學道。無畏洲尊者即亦如是將「專一」等四瑜伽配合此四道。至於資糧道，則為前行法的修習。

於《根本金剛詞句義釋・遍智言教》中，無畏洲引用無垢友尊者有關三種解脫（rnam rtog grol lugs gsum）的教授，謂於修習過程中，行者經歷如下三個階段的現證：1）當行者專一住於覺性之明空境界時，所起之一切分別妄念均為本智顯現，於此際行者若能自認知此等分別妄念，即喻為與故友重逢，行者由是能於分別妄念的繫縛中解脫；2）依上來基礎，行者若能離諸能所等二見，是即直證入法性，一切分別妄念悉皆自解脫（rang grol），喻如蛇之自解其結；3）行者現證究竟本淨，一切分別妄念都消融於法身而無利益與損害，喻如賊入空房。[64]此三種解脫，即暗合龍青巴《三自解脫論》（*Rang grol skor gsum*）之所說，總括了龍青巴教法中，自住心性以至平等性自解脫之各階修證。

就修行果位而言，《廣大心要》將四灌頂道配合四持明位，由瓶灌之生起次第修法，建立異熟持明（rnam smin rig 'dzin）之種子；由密灌之密咒誦修，建立壽自在持明（tshe dbang rig 'dzin）之種子；由智灌之樂空雙運，建立手印持明（phyag rgya'i rig 'dzin）之種子；由名詞灌之大圓滿導引，建立任運持明（lhun grub rig 'dzin）之種子。異熟持明與壽自在持明，屬見道位之現證；手印持明屬修道位；任運持明屬無學道位。行者若能完成四持明位之現證，即圓證如來之四身：化身、報身、法身及自性身（Svābhāvikakāya）。此即說為成佛之無上正等正覺，亦即大圓滿的境界。

如是可見，《廣大心要》之教授既深且廣，涵攝對見、修、行、果各方面的善巧指示，引導行者由資糧道次第證入無學道。然而，法門雖然殊勝甚深，但全部修習的基礎，則在於對前行法修習嫻熟、心領神會。

---

64 藏文：*'di ltar rnam rtog ngo shes pas grol ba sngar 'dris kyi mi dang 'phrad pa lta bur grol ba / rnam rtog kho rang grol sprul gyi mdud pa zhig pa ltar grol ba / rnam rtog phan gnod med par chos skur grol ba khang stong gi rkun ma lta bur grol ba zhes mtshon dpe rnam grangs gsum gyis bshad pa //*

## 七、《廣大心要》的前行法

五道中的資糧道，不但須通達經教、以佛說十二部教法之一切契經為行者之依處，復須清淨及調伏心識以能如理作意。此亦為加行道以至無學道一切修學的基石，因此甯瑪派對屬於資糧道的前行修習，極為重視，大部份甯瑪道場都嚴格要求學人修滿十萬遍前行法，才得上師授以《廣大心要》中的其他法要。

無畏洲尊者傳出《廣大心要》以後，歷代多位甯瑪派祖師都據其證量為學人造了不少註解、儀軌、祈願文、導引、補遺等。其中，又以前行法的儀軌最多，而前行法中又以無畏事業光（'Jigs med phrin las 'od zer）所造之《大圓滿廣大心要前行念誦儀軌・遍智妙道》（*rDzogs pa chen po klong chen snying thig gi sngon 'gro ngag 'don rnam mkhyen lam bzang*）法緣最廣，而對前行法的註釋則以巴珠活佛（dPal sprul rin po che）的《普賢上師言教》（*Kun bzang bla ma'i zhal lung*）最受推崇。筆者於下來把《廣大心要》傳承上師為前行修習所造的主要儀軌及註解列出，以便利學人：

1） 無畏洲尊者（'Jigs med gling pa, 1729-1798）：

i）《淨治自心之導引・解脫之階梯》（*Thun mong gi sngon 'gro sems sbyong rnam pa bdun gyi don khrid thar pa'i them skas*）；

ii）《大圓滿廣大心要共前行導引・實修傳規》（*rDzogs pa chen po klong chen snying thig gi thun mong gi sngon 'gro khrid kyi lag len 'debs lugs*）；

iii）《大圓滿廣大心要不共導引・安住正念》（*rDzogs pa chen po klong chen snying thig gi thun mong ma yin pa'i sngon 'gro'i khrid yig dran pa nyer gzhag*）

2） 無畏事業光尊者（'Jigs med phrin las 'od zer, 即多竹千一世 rDo grub chen I, 1745-1821）：

i）《大圓滿廣大心要前行念誦儀軌・遍智妙道》（*rDzogs pa chen po klong chen snying thig gi sngon 'gro ngag 'don rnam mkhyen lam bzang*）[65]

無畏事業光

[65] 無畏事業洲尊者造此儀軌，於共前行（thun mong）部份，依無畏洲尊者《淨治自心之導引・解脱之階梯》及《共前行導引・實修傳規》兩篇而成，至於不共前行（thun mong ma yin）部份，乃依無畏洲尊者《不共導引・安住正念》及《外成就上師瑜伽・如意寶》（*Phyi sgrub bla ma'i rnal 'byor yid bzhin nor bu*）兩篇而成。此儀軌為後世祖師所造《廣大心要》前行導引儀軌的藍本。

3） 智悲自在尊者（ 'Jam dbyangs mkhyen brtse dbang po, 1820-1892）：

i）《廣大心要前行念誦儀軌・顯示遍智妙道》（*Klong chen snying thig gi sngon 'gro'i ngag 'don rnam mkhyen lam bzang gsal byed*）[66]；

ii）《菩提妙道》（*sNgon 'gro mdor bsdus byang chub lam bzang*）[67]；

iii）《前行觀緣次第心要集深義・甘露精華》（*sNgon 'gro'i dmigs rim zab don bdud rtsi'i snying ku ldeb*）[68]

4） 巴珠・無畏法自在尊者（dPal sprul O rgyan chos kyi dbang po, 1808-1887）：

i）《大圓滿廣大心要前行導引・普賢上師言教》（*rDzogs pa chen po klong chen snying thig gi sngon*

---

66 此有四種漢譯：1）薩迦根桑澤程傳授、嚴定法師譯《大圓滿廣大心要前行念誦・能顯遍智妙道儀軌》；2）阿宗甲色持明不變金剛尊者傳授、根造上師譯《大界隆欽心髓前行・能顯遍智妙道念誦儀軌》；3）寧瑪巴聞思修佛學會譯《大圓滿隴清領體・能顯遍智妙道前行儀軌》；4）念慈法師譯《大圓滿深慧心髓前行念誦儀軌・顯示遍智妙道》。
英譯見Tulku Thondup, trans. *Dzogchen Innermost Essence Preliminary Practice* (India: Library of Tibetan Works and Archives, 1982)。

67 Dilgo Khyentse Rinpoche, The Padmakara Translation Group, trans. *The Excellent Path to Enlightenment* (Ithaca: Snow Lion Publications, 1996)。

68 此有英譯本：Adam Pearcey, trans. (edited by Janine Schulz), *Illuminating the Excellent Path to Omniscience* (http://www.lotsawahouse.org/khyentsewangpo/illuminating.html)。

*'gro'i khrid yig kun bzang bla ma'i zhal lung*）[69]；

ii）《前行觀緣次第集》（*sNgon 'gro dmigs rim bsdus pa*）[70]

5） 阿宗珠巴・調眾勇士金剛尊者（A 'dzom 'brug pa 'Gro 'dul dpa' bo rdo rje, 1842-1924）：

i）《廣大心要前行導引・解脫道明燈》（*Klong chen snying thig gi sngon 'gro'i khrid yig thar lam gsal byed sgron me*）

6） 噶陀堪布語自在吉祥賢尊者（mKhan po ngag dbang dpal bzang, 1879-1941）（蓮花業緣力）[71]：

i）《大圓滿廣大心要前行導引・普賢上師言教筆記》（*rDzogs pa chen po klong chen snying thig gi sngon 'gro'i khrid yig kun bzang bla ma'i zhal lung gi zin bris*）[72]

---

69 此有郭元興的漢譯本《普賢上師口授大圓滿龍欽心髓前行引導文》。英譯本有兩種：1）Sonam T. Kazi, trans. *Kün-zang La-May Zhal-Lung: The Oral Instruction of Kun-Zang La-Ma on the Preliminary Practices of Dzog-Ch'en Long-Ch'en Nying-Tig (Nga-Gyur Nying-ma).* (Beacon: Diamond Lotus Publications, 1989)；2）The Padmakara Translation Group, trans. *Words of My Perfect Teacher* (San Francisco: HarperCollins, 1994)。此尚有智者賢善（mKhas btsun bzang po, 1921-）的講解：Khetsun Sangpo Rinpoche (translated by Jeffrey Hopkins and co-edited by Anne Klein), *Tantric Practice in Nying-Ma* (Ithaca: Snow Lion Publications, 1982)，漢譯本有《大圓滿龍欽心髓修行法》（蔡東照監修），台北：唵阿吽，1998。

70 此有英譯本：Adam Pearcey, trans. (edited by Janine Schulz), *Brief Guide to the Stages of Visualization for the Ngöndro Practice* (http://www.lotsawahouse.org/patrul/brief_ngondro_guide.html)。

71 參 E. Gene Smith, "The Autobiography of the Rnying ma pa Visionary Mkhan po Ngag dbang dpal bzang," in *Among Tibetan Texts: History & Literature of the Himalayan Plateau* (Boston: Wisdom Publications, 2001): 13-32。

72 The Padmakara Translation Group, trans. *A Guide to the Words of My Perfect Teacher* (Boston: Shambhala Publicatios, 2004)。

7） 法稱（Chos kyi grag pa）[73]：

i）《廣大心要前行念誦釋・遍智道燈》（*Klong chen snying thig gi sngon 'gro'i ngag 'don gyi 'bru 'grel rnam mkhyen lam sgron*）[74]

8） 法界自解脫（Chos dbyings rang grol, 1872-1952）：

i）《前行集》（*sNgon 'gro kun las btus pa*）[75]

9） 普賢勝乘金剛（Kun bzang theg mchog ye shes rdo rje, 1957-）：

i）《前行釋・無等上師加持相續》（*sNgon 'gro'i rnam bshad mtshungs med bla ma'i byin rlabs 'char rgyun*）

## 八、《廣大心要前行法》的皈依境

行者上座觀修《廣大心要》的前行法，首須觀想皈依境（skyabs 'gro'i tshogs zhing）。此《廣大心要》的皈依境，因各甯瑪派寺院的傳承不同而容有差異。然而，就流傳較廣的教授而言，此皈依境的觀想如下：

---

[73] 未明。一說其為巴珠活佛的弟子釋教法稱（Thub bstan chos kyi grag pa , 1823-1905），另有一說謂其為普賢法稱（Kun bzang chos kyi grag pa, 1872-1943）。

[74] 此有英譯本：Adam Pearcey, trans. *Ngöndro Commentary by Chökyi Drakpa, A Torch for the Path to Omniscience: A Word by Word Commentary on the Longchen Nyingtik Ngöndro by Chökyi Drakpa* (http://www.lotsawahouse.org/chokyidrakpa.html)。

[75] 此有英文擇譯本：Adam Pearcey, trans. *Chöying Rangdrol's Ngöndro Commentary* (http://www.lotsawahouse.org/yukhok.html)。

壇城圖

皈依境的主尊為上師寶（Guru rin po che）蓮花生大士，以《廣大心要》為蓮師的巖藏法故。蓮師與智慧海空行母雙運，表義法界之樂空雙運、行者證境之智悲雙運。

壇城觀想分為五支。中央一支，即蓮師與智慧海頂上諸尊，是為《廣大心要》歷代主要的傳承上師。最上一尊為普賢王如來（Samantabhadra）；其下為金剛薩埵

（Vajrasattva）；再其下則為三尊，中間一尊為俱生喜金剛（dGa' rab rdo rje），其右為吉祥獅子（Śrīsiṃha），其左為文殊師利友（Mañjuśrīmitra）；下來三尊，居中的是蓮花生（Padmasambhava），其右為智經（Jñānasūtra），其左為無垢友（Vimalamitra）；再下一層的三尊，智慧海（Ye shes mtsho rgyal）居中，遍照護（Vairocana）居其右，赤松德真（Khri srong lde'u btsan）居其左；再往下的一尊，為龍青巴（Klong chen rab 'byams pa）。智悲自在上師的傳規，則於龍青巴之下，還觀想無畏洲（'Jigs med gling pa），是為此傳規之不共。於此中支之兩旁，尚各有一組八位的上師，是即行者所依傳規的其餘歷代傳承祖師。

壇城主尊的前方一支，為三世諸佛。

壇城主尊的後方一支，觀想經卷層疊，表徵九乘教法。

壇城主尊的右方一支，為八大菩薩；左方一支，為聲聞羅漢。此為僧眾。

如是五支觀想，已具足上師、佛、法、僧。

壇城的外圍，為本尊與護法海會，然所觀想的本尊與護法，都與《廣大心要》的教法相關。依據智悲自在上師的傳規，較接近壇城主尊的一圍，即是八位《廣大心要》的主修本尊。從壇城的右而左來說，此八位本尊為：大悲觀音（Thugs rje chen po）[76]；金剛嘿嚕噶（Vajra Heruka; Yang dag he ru ga）[77]；文殊師利閻曼德迦（Yamāntaka）[78]；吉祥忿怒尊

76 有關修習見上來所列《廣大心要》目錄中，Āḥ 函由14至18五篇。

77 有關修習見《廣大心要》Oṃ 函第52篇。

78 有關修習見《廣大心要》Oṃ 函第50篇。

（Śrī Heruka; Che mchog he ru ga）[79]；母尊大樂佛母（Yum ka bde chen rgyal mo）[80]；馬頭明王（rTa mgrin）[81]；普巴金剛（Phur ba）[82]；馬鵬熾燃（rTa khyung 'bar ba）[83]。

往外一圍，則為本法的七大護法，復由壇城的右往左而言，分別為長壽母（Tshe ring ma）；摧敵大遍入（gZa'; Rahula）；大黑天（mGon po; Mahākala）；一髮母（Ma mgon; Ekajati）；金剛善（rDo rje legs pa）；憂草原（Ngan ne ma）；玉燈母（g.Yu sgron ma）。

皈依境蘊含著《廣大心要》全體修習的表義。於此伏藏法會中各各法門與次第均修習嫻熟且具證量的行者，僅於皈依境作心一境性的觀想，已能自然證入《廣大心要》本智與功德雙運的甚深廣大境界。皈依境不假修整而自顯現，是為方便，而行者依此所現證廣大無央的大圓滿心要，即為勝義。對初機而言，能於皈依境的觀想嫻熟，並了知如何作正抉擇， 便為前行修習的重要基礎。

## 九、甯瑪派的前行法修習

《廣大心要前行念誦儀軌・顯示遍智妙道》以及《敦珠新伏藏前行讚頌》（*bDud'joms gter gsar sngon 'gro'i ngag 'don*

---

[79] 有關修習見《廣大心要》Oṃ 函46至49、以及 Āḥ 函1至13等共十八篇。

[80] 有關修習見《廣大心要》Oṃ 函第17至36共二十篇。

[81] 有關修習見《廣大心要》Oṃ 函51及 Āḥ 函19共兩篇。

[82] 有關修習見《廣大心要》Oṃ 函第53篇。

[83] 有關修習見《廣大心要》Oṃ 函37至45共九篇。

*bsdus pa bzhugs*）[84]，都是現今廣為流傳的前行法儀軌。於勝義而言，二者的意趣雖然無二，但各自於建立上的方便，卻也不相同。

事實上，甯瑪派的前行修習，於各各的法系都有其不共的建立，以配合個別法系中的見、修、行、果。此如《上師心要》的體系中，其前行修心七法，除了思維無常、思維安樂之暫時與究竟、思維順緣與違緣、思維一切瑣事無義利、思維佛功德、思維上師教言等六以外，還有以觀修樂空、明空與法性為方便來修習之思維無分別；事業洲的《甚深密意自解脫》，把共前行歸類為調伏心識、把不共前行歸類作清淨心識的修習，前者分三，分別為思維暇滿難得、思維輪迴苦、思維無常，後者分四，即皈依發心、百字明除障、獻曼達及上師瑜伽。

至於《廣大心要》的建立，我們於《大圓滿廣大心要共前行導引・實修傳規》， 可見共前行的觀修分六：

1）思維暇滿人身難得（dal 'byor rnyed dka 'ba）；

2）思維無常（khyad par 'byor ba bsam pa）；

3）思維輪迴苦（'khor ba'i nyes dmigs bsam pa）；

4）思維業因果（las gyu 'bras bsam pa）；

5）思維解脫利益（thar pa'i phan yon）；

6）思維上師功德（dge ba'i bshes gnyen bsten pa）。

---

84 此有活佛（lCags bdud sprul sku, 1930-2002）的註解：Jane Tromge, trans. *Ngondro Commentary: Instructions for the Concise Preliminary Practices of the New Treasure of Dudjom (Compiled from the Teachings of His Eminence Chagdud Tulku)*. (Junction City: Padma Publishing, 1995)。

復根據《大圓滿廣大心要不共導引・安住正念》，可知不共前行的觀修亦分為六：

1） 皈依三寶（skyabs su ’gro ba）；

2） 發大乘根本心（theg chen gyi rtsa ba sems bskyed；發菩提心）；

3） 修念金剛薩埵（rdo rje sems dpa’i sgom bzlas）；

4） 獻曼達以積集資糧（mthun rkyen tshogs bsag pa la mandala）；

5） 供施自身（ku su lu’i tshogs gsog）；

6） 上師瑜伽（bla ma’i rnal ’byor）。

歷代《廣大心要》的傳承上師為前行法所造的儀軌，基本都是依《實修傳規》與《安住正念》這兩篇奠下的架構來開演。

所有法系的前行法修習，都須從師授，是故涉及實際觀修方面的討論，即不在此導論的範圍之內。

然而，前行修習首重的為抉擇見的建立。此亦即行者藉思維與觀修為方便，於心相續中樹立起對佛法的體會，而不是停留於知識層次的認知。如此以經教配合修持，始堪能為資糧道的修持。敦珠法王講授的〈前行修習的大圓滿見〉[85]，即可是為甯瑪派前行修習於抉擇上的通則。此外，摧魔洲尊者的〈甚深秘密教授祈禱讚頌〉（*gSang khrid bka’ rgya ma las smon lam khol du phyung ba ni*），亦收進《敦珠新伏藏》的《前

[85] 此為敦珠法王於1979年於倫敦大圓滿鄔金法洲講授的紀錄，由索甲甯波車翻譯。

行讚頌集》中。這篇雖名為祈禱文，但行者念誦時，若能體會其中深意，其實亦已作甚深的抉擇。至於《前行讚頌集》其餘幾篇祈請文的意趣，也與前行法中的七支供養修習有關。

敦珠法王於〈前行修習的大圓滿見〉一開首即明白指出：

> **任何修持務使世俗諦與勝義諦雙運、善巧方便與智慧雙運、覺受與空性雙運。**

由此引伸，行者於觀想皈依境時，即不落於顯現邊或空性邊以作抉擇，而須現空雙運；於發菩提心時，不落勝義邊與世俗邊以作兩種菩提心雙運；於修習除障法時，不落能淨與所淨二邊之對待以作雙運；於獻供曼達時，也必兩種資糧同時積集；於上師瑜伽，則務須修證根本覺性明空無二的境界。詳見敦珠法王的闡釋。

敦珠甯波車著述圖

比較而言，共前行的觀修，以行者自處的凡庸境為基，思維輪迴界之種種過患、暇滿人身之難得、以及能值遇具德上師之寶貴；不共前行的觀修，則以聖者本住的清淨境界為所緣境，以與涅槃界智悲雙運的體性相應。然而，此輪迴與涅槃、法與法性的區別，僅為方便建立。兩者皆為行者本明覺性的展露，而輪涅二界亦皆為同一法性本始基（gdod ma'i gzhi）上的自顯現（rang snang）。

共前行的觀修，主要為行者建立出離心。其修習固然可以依儀軌念誦，但其精華卻不在於形式上背誦儀軌的頌文，而在於令行者厭離輪迴、歸心於法。密乘行人若能留心敦珠新伏藏的前行祈禱文中〈自知己過・隨念皈依境・悔過發清淨願知所取捨之祈禱〉（*Rang skyon ngo shes skyabs yul rjes dran gyi gsol 'debs nongs bshags smon lam yang dga blang dor gsol 'debs yod*）與〈聖者心甘露・依口訣心要精華之發願文〉（*gDams ngag gnad bsdus kyi smon lam dam pa'i snying bcud ces bya ba bzhugs so*）這兩篇，深味其意。

不共前行的觀修，主要為行者建立菩提心。皈依的修習，乃生起菩提心的基礎；於生起菩提心後，經過行者深切的懺悔除障、積集兩種資糧、斷除凡庸心對自我的執著，於上師瑜伽的修習中，即能初證智悲雙運的菩提心。此如《前行修習的大圓滿見》所言：

> 當上師與你無二無別相融，於平等住中入定之際，我們便達致智慧的層次。

法王於論中復作譬如，謂共前行的修習猶如把耕地犁平，而皈依、發心、獻曼達與除障，則有如播種。由是，於上師瑜伽所達致的智慧層次，便是種子萌芽之時。比較而言，共前行的修習，可說是「不共前行」的前行；於不共前行修習中，皈依、發心、除障、獻曼達與施身法，也可說是上師瑜伽的前行。因此，整個前行法修習，即是以上師瑜伽為重心，也因此，於一切修持之前，首先便作頂禮上師。

然而，於觀修上師瑜伽時，行者同樣須了知如何作抉擇。若僅是對上師作個人崇拜、昧於法義，即使視上師如佛，亦是與修行正道背馳。藉用《金剛經》的經文而言，若以色見上師、以聲音求上師，是人行邪道，不能見如來。

敦珠法王對此，特別分世俗與勝義兩方面說明。於世俗而言：

> 在上師瑜伽中，基於緣起之故心識受到污染，因此上師便以激發清淨心靈的角色而顯現。他是令行者能緣清淨的對象。因心識受污染，復因行者對上師生清淨見，所以上師和虔敬的行者，皆存在於世俗界中。是故，外義上你觀想上師、向他祈禱，然後接受他的灌頂和加持。這些都是上師瑜伽的外義和世俗修習。

至於勝義的抉擇，法王指出：

> 若問勝義上師究竟在何處？即在心的勝義自性中。根本覺的勝義境界，即為上師的圓滿成就。只要持續住於本來如是的覺性中，即為上師瑜伽的勝義修習。

換言之，勝義上師即是根本覺性的勝義境界；上師瑜伽的勝義修習，也即是行者喚起本具覺性、與法性如來藏相應的修習。此即如敦珠法王《遙啓上師讚頌•自性流露祈禱文》

（*rGyang bod kyi gsol debs gnyug ma'i thol glu zhes bya ba bzhugs*）所言：

> 當下覺性即真實如來　自在安寧上師心底現
> 了悟初心即上師自性

讚頌中之「遙啓上師」，即有祈願了悟「初心」（gnyug ma'i sems）、喚醒本具如來藏之意。

依此證量，才堪能作為圓滿資糧道的修持，並以之作為於法系中往後次第修習的基礎。

## 十、本書儀軌與讚頌的翻譯

本書中《大圓滿廣大心要前行念誦儀軌・能顯遍智妙道》一篇，乃嚴定法師的譯本。嚴定法師此譯，依根桑澤程上師的傳授而稍作編訂，較原來的儀軌略為精簡。談錫永上師昔年蒙屈文六（1883-1972）上師傳授此修習，其後復得敦珠法王依敏珠林的傳規授以口訣。談上師重新整理嚴定法師的儀軌時，亦把此等口訣有關抉擇的部份寫下，附於儀軌的註文。本書附錄部份為念慈法師依阿宗寺傳規翻譯同一儀軌的另一版本，可視為此儀軌未作編訂的直譯本，以俾讀者參考。此外，念慈法師亦譯出阿宗寺對《廣大心要》的常修儀軌五種，都附於書後。一九九七年本叢書於香港出版此書時，香港密乘佛學會即曾另印念慈法師譯本的藏漢文對照本逾千冊，送予川藏青海各寺院。

至於《敦珠新伏藏》的前行儀軌與讚頌，談上師於一九九五年六月，獲法王哲嗣及心子山藩甯波車來信，以敦珠新伏藏持法身分，囑予把《新伏藏》的前行部份譯為漢文。談上師乃命筆者翻譯，並為筆者講授法義及潤飾文字。此譯主要依 Yeshe Melong 出版的英譯本而翻，今亦附上藏文原文以供比對。

# 大圓滿廣大心要前行修習

# 大圓滿廣大心要前行念誦儀軌·能顯遍智妙道[1]

智悲自在尊者 傳授
嚴定法師 翻譯
談錫永 整理

---

[1] 本儀軌屬於「廣大心要」（*Klong chen snying thig*）系統，為十四世紀藏密大成就者龍青巴尊者（Klong chen rab 'byams pa, 1308-1363）之法系。由於klong chen 意為「廣大」，故此法系遂譯為「廣大心要」，亦有將此詞音譯，則可譯為「龍青領體」（或「隆欽領體」）。

「廣大心要」為大圓滿四部心要之攝要，乃無畏洲（'Jigs med gling pa, 1730-1798）所造。以無畏洲尊者曾於定中三次面見龍青巴尊者，得三次加持，故即將心中之「意巖」結集為「廣大心要」。復由弟子多竹千一世、無畏事業光（rDo grub 'Jigs med phrin las 'od zer, 1745-1821）及無畏佛芽（'Jigs med rgyal ba'i myu gu, 1765-1843）廣弘。

至於本儀軌，則為無畏洲尊者之再傳弟子、無畏事業光之弟子文殊智悲自在（'Jam dbyangs mkhyen brtse'i dbang po, 1820-1892）所造。文殊智悲自在尊者得無畏事業光之淨相傳承（定中得親授），又得無畏佛芽口耳傳承，故為「廣大心要」第三代傳人。此儀軌廣傳於甯瑪派六大寺，以尊者又為薩迦派「道果」法上師，故本儀軌亦傳於薩迦派部份法系。

於上世紀六十年代，筆者於屈文六上師處得授本儀軌，且遵其囑咐，將之交呈劉銳之上師，此即嚴定法師之譯本，乃據薩迦派傳承而譯。其後敦珠法王無畏智金剛（bDud 'joms rin po che, 'Jigs 'bral ye shes rdo rje, 1904-1987）來港弘法，劉上師與余持此譯本向法王請示，法王對此譯本認可，且於若干處詳述修法，補充口訣，乃由余據法王口述整理，成為當時的定本，唯未加入口訣。

智悲自在尊者之儀軌，實據無畏事業光尊者之儀軌作增訂而成。後者全名為《大圓滿廣大心要前行念誦儀軌 ·遍智妙道》（*rDzogs pa chen po klong chen snying thig gi sngon 'gro'i ngog 'don khrigs su bsdebs pa rnam mkhyen lam bzang*），智悲自在之儀軌則名為《遍智妙道顯示》（*rNam mkhyen lam bzang gsal byed*），本譯實以《遍智妙道顯示》為主，取《遍智妙道》二三處作校訂而成，更經敦珠法王口授補充，由是即成甯瑪派敏珠林傳規，與甯瑪派不共傳承之儀軌比較，絕大部份相同，僅一二處觀想有詳略之分別。

本譯於西元1996年曾再整理出版，今更補入敦珠法王所授口訣，增訂而成。為便行者作抉擇、觀修及決定，筆者於每前行法皆略疏其法義，俾作參考，如何實修，則行者須仍從師授，不可以一己之揣度而為之。

ན་མོ་གུ་རུ་བྷྱཿ

• Namo guru bhyaḥ（三遍）[2]

## 甲一 共前行（分三）

### 乙一 身加持

於明朗虛空中，根本上師現鄔金大金剛持[3]相，有勇識男及空行女圍繞周匝，以鼓聲及咒音警覺行者，是時行者即如從夢而醒，自身如住佛剎。觀上師由心中生起，升至中脈頂端而坐，周圍光明遍射。

行者作獅子抖身三次。

作九接佛風。

於是於佛剎及光明上師住頂之境界中，寬坦自然而住。[4]

---

2 此前行法，攝法、報、化三身，與大圓滿三句義相應。「體性本淨」即顯法身、「自相任運」即顯報身、「大悲周遍」即顯化身。
依密義，此三者又可攝為佛、法、僧三寶。自外義言，佛為導師、法為導師之語、僧為歸心於法之所化機眾。然自密義而言，三寶實攝集於自身。自心體性本淨本明，是即法身，亦為佛寶；於自心性任運而成展現，無礙自明，是即報身，亦為法寶，以外顯而成聲者亦為展現；心性無所不遍，具足生機，是即化身，亦為僧寶，以其周遍即與法相應。
如是，上師自身攝集佛法僧三寶，亦攝集法報化三身，故向上師作皈依，以求身語意加持。此中身密即化身、語密即報身、意密即法身。

3 O rgyan rdo rje 'chang。

4 此身加持為外義，故求歸心於法。上師所響鼓聲與咒音無二無別，是即法音，為行者之所趨，故行者聞聲如夢初醒。
《敦珠新寶藏前行讚頌》有〈上師讚頌〉云——
尊勝根本上師寶　住我頂上蓮花座
祈師慈悲垂憫我　賜我身語意成就
是即上師身加持之外義。

## 乙二 語加持

ཨོཾ་ཨཱཿཧཱུྃ༔

• oṃ āḥ huṃ（三遍）

觀舌根有紅色ཪྃ字，生火燃燒，清除一切不淨。於紅光中，生起三股金剛杵，如紅寶石，杵臍有紅色ཨཱཿ字。繞ཨཱཿ字有阿里咒鬘，隨觀隨誦七遍。

ཨ་ཨཱ། ཨི་ཨཱི། ཨུ་ཨཱུ། རི་རཱི། ལི་ལཱི། ཨེ་ཨཻ། ཨོ་ཨཽ། ཨཾ་ཨཿ

• a ā　i ī　u ū　ṛ ṝ　ḷ ḹ　e ai　o au　aṃ āḥ

其外有嘎里咒鬘圍繞，隨觀隨誦七遍。

ཀ་ཁ་ག་གྷ་ང་། ཙ་ཚ་ཛ་ཛྷ་ཉ། ཊ་ཋ་ཌ་ཌྷ་ཎ། ཏ་ཐ་ད་དྷ་ན།
པ་ཕ་བ་བྷ་མ། ཡ་ར་ལ་ཝ། ཤ་ཥ་ས་ཧ་ཀྵ

• ka kha ga gha ṅa　ca cha ja jha ña
ṭa ṭha ḍa ḍha ṇa　ta tha da dha na
pa pha ba bha ma　ya ra la va
śa ṣa sa ha kṣa

其外又有因緣咒圍繞，亦誦七遍。

ཨོཾ་ཡེ་དྷརྨཱ་ཧེ་ཏུ་པྲ་བྷཱ་ཝཱ་ཧེ་ཏུནྟེ་ཥཱན་ཏ་ཐཱ་ག་ཏོ་ཧྱ་བ་ད་ཏ།

ཏེ་ཥཱཉྩ་ཡོ་ནི་རོ་དྷ་ཨེ་ཝཾ་བཱ་དཱི་མ་ཧཱ་ཤྲ་མ་ཎཿ ཡེ་སྭཱ་ཧཱཿ

- oṃ ye dharmā hetu prabhāvā hetuṃ teṣāṃ tathāgataḥ
  hyavadat teṣāṃ ca yo nirodha evaṃ vādī mahāśramaṇaḥ svāhā[5]

## 乙三　意加持

### 丙一　上師加持讚頌

ན་མོ་གུ་རུ་བྷྱཿ

- Namo guru bhyaḥ（三遍）

誰加恩我大樂性　即剎那際而顯現
無上上師之寶體　金剛持足蓮前禮
上師佛陀上師法　如是上師亦僧伽
一切作者是上師　上師身語意前禮
以諸導師悉捨棄　趨向惡趣險處我
與解脫道極和合　大總導師前敬禮

---

5 此語加持由外義入密義。以咒表法，於儀軌中用明音咒及因緣咒。因緣咒古譯為 ——

諸法因緣生　法亦因緣滅
是諸法因緣　佛大沙門說

由金剛杵出咒鬘，表義為金剛咒音。金剛具虛空義，亦可說為虛空具七金剛性，是即無瑕、無壞、無虛、無染、無動、無礙、無能勝。如是亦表義一切音聲與詞義皆為空性，即本覺內自光明之展現，是即密義。
於誦咒時，觀咒鬘光明周遍。誦畢，光明回至，字融攝。此為觀修之訣，儀軌未說。

不知是處與非處　混亂是道與非道
比諸黑暗尤黑暗　我等明炬尊前禮
任現何身而顯現　雖入寂靜之餘屑
經云亦淨無間罪　緣俱義利尊前禮
由聞尊語知取捨　從大惡險處救護
即滅道諦之體性　聞慧解脫音前禮
我雖精勤未解脫　由住尊心頓成熟
勝解恭敬得現證　難思離戲論前禮
三無數劫所難行　雖以艱苦調命根
未難得亦無謬誤　金剛心傳現前禮

## 丙二　上師心髓

上師佛陀寶　我無他求處
祈以悲眼照　令渡生死海
此生皆善成　無障亦無難
死住深光明　渡脫中有險
身口意精勤　常時利益他
即今日諸緣　成辦菩提道
我雖勤未證　師悲心成辦
我無怙眾生　得到解脫處
（以上為行者啟白）

諸有信我者　或起譏謗者
皆滅罪無惑　我斷三有河
隨時以我名　滿眾生所求
並遍十方剎　布供養雲海
此善願有情　皆從有解脫

世出世妙慧　二利俱成就

（以上為觀想上師開示）

隨觀無暇及圓滿難得，器世間亦不堅牢，六道輪迴皆苦，而世壽無常，死決定至，於是生起對上師三寶之信心，及猛烈之出離心。

上師知（如呻吟之意， 猛利三呼）

心中信心花蕊開　總依恩師向上升
為救猛利業煩惱　所逼惡劣根性我
住於頂嚴大樂輪　念與正知亦同趣

由地獄餓鬼旁生　邊地邪見長壽天
無佛出世騃啞者　離八無暇獲閒暇
人根全具生中國　業未顛倒信正教
是為自圓滿者五　佛降世且轉法輪
正法住世隨教轉　正士攝受他五滿
暇滿雖然我全得　眾緣離時無決定
即當住於他世間　願心向法上師知
不置謬道尊遍知　無二大恩上師知

若今圓暇無義利　後難得修解脫身
於樂趣身福德盡　死後飄流於惡趣
善惡不知法無聞　不遇善師倍沮喪
人身少如爪上土　若不修行是罪行
依法行者若晨星　願心向法上師知
不置謬道尊遍知　無二大恩上師知

雖到人身寶貴洲　於善身藏惡習氣
不可令修解脫身　為魔脅為五毒撓
向惡業與懶散亂　威奴護僕似法行
癡等湊緣八無暇　我遭法之仇敵時
願心向法上師知　不置謬道尊遍知
無二大恩上師知

厭離心弱乏信財　貪愛繩縛威儀乖
於罪無慚業顛倒　毀壞律儀破密戒
分段心之八無暇　我遭法之仇敵時
願心向法上師知　不置謬道尊遍知
無二大恩上師知

現今未被病苦逼　不同奴婢無自在
得自在緣適合時　於懈怠中失暇滿
但顧眷屬及享受　如此愛惜所執身
寶山留跡而空過　於中有境則怖畏
境中狐鷹犬攫持　願心向法上師知
不置謬道尊遍知　無二大恩上師知

善惡異熟隨後行　若到地獄世間時
熱鐵地上斷身首　鐵鋸鋸身熱椎鑿
號叫無門鐵室中　鐵串貫身烊銅煮
遍燃火焰八層獄　厚雪嶺與冰凝結
深窟凜冽淒苦處　寒凍風霜為狀相
如水泡皰並皰裂　苦聲不斷而呼號
由所受苦難堪忍　神耗猶如病死時
氣驟齒顫皮膚裂　紅皸潰破八寒獄

又復鋒刃道刺足　刀劍園林斷截身
屍泥煨坑無極河　斯為無間近邊獄
門柱爐灶繩索等　隸役享用孤獨獄
十八地獄由何因　猛利瞋恚生起時
願心向法上師知　不置謬道尊遍知
無二大恩上師知

於諸貧匱不喜處　貪喝享受名無聞
饑渴絕滴餓鬼身　枯而無勁有三類
外障內障並特取　由慳吝因生此苦
依次吞噬兼殺戮　驅馳逼惱昧取捨
為無邊苦痛所逼　飄蕩癡種黑暗者
願心向法上師知　不置謬道尊遍知
無二大恩上師知

如是讚頌已， 合掌頂禮， 隨即向上師懺罪。

ན་མོ་གུ་རུ་བྷྱཿ

• Namo guru bhyaḥ

雖處法道罪不防　住大乘離利他心
得四灌頂而散漫　從錯道中求師度
正見不達語狂亂　正修散亂妄自用
正行錯謬昧己過　從諸輕慢求師度
明日死猶貪財物　年歲長大不厭離
寡聞尚誇有功德　從無明中求師度
緣逼心繫憒鬧處　處靜心常如樹長
雖作調伏貪瞋在　從障道中求師度

求從睡夢速醒悟　求從煩惱速拔出[6]

## 甲二　不共前行[7]（分六）

### 乙一　皈依

為從可畏輪迴苦中，度脱自他一切有情，故皈依上師三寶。如是觀想——

觀器世間悉成眾寶莊嚴之剎土，於端嚴悦意地基上，有如意寶樹，分五枝，花葉果實圓滿殊妙，懸垂珍寶鈴杵等莊嚴。

於虛空中，八大獅子抬舉雜色蓮花座，上有日月輪

---

6 此意加持已入密義。
於〈上師加持讚頌〉，初明上師即佛法僧，故於「**上師身語意前禮**」，此已先陳密義以為前導。其後謂無論上師「**任現何身而顯現**」，即或上師骨骸餘屑（「**雖入寂靜之餘屑**」），亦生利益；復謂由上師語而知取捨，以其為滅道二諦體性；更謂住上師心而得成熟，且恭敬而勝解故得現證，此即讚禮上師身語意加持，為密義之示現。
以此為導引，修「回心四法」（blo ldog rnam bzhi），即觀暇滿難得等。《敦珠新寶藏前行修誦簡軌》有「四思維」頌云——

南無
永堪依賴怙主上師知　暇滿人身實極難獲致
萬法無常唯死可決定　善惡業因其果非虛致
三界輪迴具性如苦海　我心知此趨法作皈依

此頌可作觀修時參考。本儀軌中則有長頌（「**心中信心花蕊開**」一頌）為念誦觀修之用。
「回心四法」又可譯為「歸心四法」，即令行者生出離心，厭輪迴而歸心於法，是成「僧眾」。敦珠法王喻此為將已犁好之土地平整，令其適宜播種。

7 不共前行即本儀軌正分，具皈依、發心、修念金剛薩埵、獻曼達、施身法、上師瑜伽等六支，名為六前行。
此中皈依、發心、獻曼達，即如播種以積福德智慧二種資糧；金剛薩埵除障法為行者之懺罪，是為淨治，能於清淨中由本覺生起金剛薩埵；施身法為除我執；上師瑜伽則以灌頂及加持為事相，以上師化光入行者心為本覺之表義。故施身、上師二法，可增長功德。
此即為六前行法之綱領，下來將別別細說。

（分別由པཾ，ཨ生起）。日輪上有白色ཧཱུྃ字，轉為蓮花生大士相狀。身白紅色，一面二臂兩足，作國王座。右手以威猛相持金剛杵，左手以等持印擎顱器，顱器上為滿貯無死甘露之智慧甘露瓶。瓶口插如意寶樹。上師身穿金絲綢披風、紅法衣、白襯袍，頭戴蓮花寶冠。空行智慧勝海佛母[8]，身白色，作蓮花座，右持鉞刀，左捧滿血顱器，與上師平等聯結。如是面向行者。

於蓮師及佛母周匝，有大圓滿傳承諸上師及六大續部本尊壇城聖眾、勇士空行等。如是為如意樹中圍。

如意樹前枝枒有釋迦牟尼佛等三世化身佛；右枝枒為八大菩薩；左枝枒為諸聖羅漢；後枝枒上有法寶經篋層砌，出阿里嘎里聲音。智慧事業具誓護法海會圍繞。

我之前為自己夙生冤敵債主，其左為母，其右為父，周匝為六道有情，皆恭敬向上師如意樹合掌皈依。具信而念：從今受持乃至證覺之間，請上師為導師、請本尊佛陀為大教主；依法為道；請空行護法及僧伽為修道助伴。我等依止諸尊、供養諸尊，除諸尊外更無祈求皈依處。凡我所作，唯尊知之。如是猛利呻吟，信解而作皈依。

誦金剛皈依頌——

**三寶三根本善逝　脈氣明點菩提心**
**體性悲心中圍前　乃至菩提永皈依**

如是皈依已，上師皈依境放光入我及六道有情身心，光收自身已，於是二障清淨，福德壽命增長，功德亦自然增

8 Ye shes mtsho rgyal。

長，如是習定片刻。[9]

[9] 敦珠法王於《善說顯現喜宴》（*Legs bshad snang ba'i dga' ston*）中云——

> **皈依實為道之基與所依，蓋彼〔皈依〕乃誓句之因，〔誓句則〕為發心涅槃之所依。故若不趨皈依，則誓句不生；若不為誓句所束，則正道無有。**

以此之故，行者首先即須作皈依。皈依之基礎，則在於前所修之「回心四法」，由是已建立出離輪迴之心。具出離心，行者即應知輪迴之因實由於唯住於識境，且由心識分別建立一切識境為實有，如是識境中之輪迴亦成真實。

若知周遍一切界之識境，無非皆為佛內自證智上之隨緣自顯現，由是即知一切識境如夢如幻。此可以電視螢光幕為例，螢光幕中的人，可以視幕中一切人物事相為實有，但若其心識一旦能脫離螢光幕，則知幕中一切法實為影像，是即說為得見實相。

如是，若於外義中作皈依，行者即皈依識境中建立之佛法僧。行者既持識覺，認一切法為實有，故佛法僧三寶亦為實有，至心虔誠而作皈依，即為歸心向法、入解脫道之因。此時行者唯視解脫為出離。

然而，前已說自身已攝集法報化三身、佛法僧三寶，此為勝義。故於觀修時，壇城本尊及眷屬，自身及六道有情，一一皆具光明。心內自光明為法身、為佛寶；內自光明之展現為報身、為法寶；光明既展現已，同時周遍法界，為化身、為僧寶。

如是於密義中，行者心識實已具足佛法僧三寶，所謂皈依，實即住入無作意、無整治之所緣境，於所緣境中一切法任運而圓成，實為如來法身之幻化遊戲。此即無上皈依。

唯行者以未能證認此勝義皈依，故須作身語意皈依。身作頂禮、語作念誦（儀軌中之〈皈依頌〉）、意則觀想儀軌所言之皈依境。

此中皈依境分對生與自生。對生為上師皈依境，自生為六道皈依境。前者為所皈依、後者為能皈依。

於對生皈依境，觀為五支，此與自身壇城相應。身壇中，五蘊為佛父壇城、五大為佛母壇城、六根為菩薩壇城、四肢為四門，為忿怒尊父母壇城。初修者未習身壇，可暫不觀修。

儀軌中說八大菩薩，即為妙吉祥（文殊師利）、普賢、觀音、大勢至（金剛手）、彌勒（慈氏）、除蓋障、地藏、虛空藏。

於自生皈依境中，環繞自身之六道有情，須每一道中均有一行者之化身。

於觀想對生、自生皈依境，及請皈依時，行者可用「四皈依」——

> namo guru bhyaḥ（皈依上師）
> namo buddha ya（皈依佛）
> namo dharma yā（皈依法）
> namo saṃgha ya（皈依僧）

〈金剛皈依頌〉包括外、內、密皈依。外為皈依三寶，即佛法僧；內為皈依三根本，即上師、本尊、空行；密為脉、氣、明點。體、性、悲心，即自心體性清淨、自相（性）任運、大悲周遍，如是表法報化三身壇城（佛法僧壇城）。

## 乙二 發心

遍虛空一切有情，從無始以來，生生世世，仇人作親，親作仇人，無有一定，於未來世，亦復怨親無定，由是即應起平等捨，以捨無量心，離對怨親之貪瞋。

復念多生以來，一切有情皆吾具恩父母，由是即應生起慈心，以慈無量心，予有情以樂。及以悲無量心，拔有情一切苦。由是我即能樂有情之樂，生起喜無量心。

修此四無量心後，願修成圓滿佛位，以期利樂有情，故當以甚深道修學菩薩廣大行，使無有一眾生住於輪迴，為此乃生精進行心。如是發願心行心。隨誦三遍。

ཧོ༔ 種種顯現水月紋　輪迴相續飄流眾
自心光明中休息　由四無量而發心

於發心後，修自他交換心，兼修出入息，即觀想左鼻孔呼出白氣，加持眾生，右鼻孔收集眾生惡業，然後轉化，由毛孔排出烏煙黑水、蛇蟲膿血等。

復次離取捨苦樂所緣，止觀雙運，以人無我、法無我決定，證勝義諦。於是與眾生化光入上師皈依境，復化光入上

---

既念〈皈依頌〉作皈依已，久習者可觀自皈依境中一切有情化光入行者自身，是為現分攝集；對生皈依境先化光攝入上師身，然後上師化光入行者自心，是為明分攝集；行者自身復上下化光攝集入心，成為明點，如是即為空分。於現分、明分、空分三無分別中等持。行者可以自心位置上之明點為所緣境，於明點外，皆不作意而緣。

《吉尊心要》（*lCe btsun snying thig*）釋論云 ——

ཨ
法身本淨心光明　報身任運力圓成
化身悲憫無分別　認知本面得皈依

此即說無上皈依。久習者可依此觀修。

師離戲論之法身，於本覺性中而住於定。[10]

[10] 敦珠法王於《善説顯現喜宴》中，由「二種姓」之「習所成種姓」説發心。

習所成種姓者，通俗而言，即由修習可令行者得積方便與智慧二資糧，由是證悟，一切法皆本住於法性，如是通達如來藏。此積聚二資糧之修習，即包括發心，因發心即能淨治覆蓋於如來藏上之客塵。

是故説言 ——

> **發大乘菩提心，實以證悟此二種姓為重，以此為〔發心之〕基故。**
>
> **復次，於等持時，為能清淨障蔽法身之垢染，故以串習無分別智為至要；障蔽〔佛〕二種色身之垢染，則於〔座下〕後得時，以如幻悲心為助伴，緣二資糧而行，以此善巧方便而得以清淨。**

如是應知，若不以如來藏為見地，即不成發心。

發心者，即發菩提心，此為繼發出離心後之所修。菩提心有二，一為世俗菩提心，一為勝義菩提心。應次第觀修。

若於前修皈依時已收攝壇城，則於此觀修時應先如前生起對生、自生壇城。若未收攝，則皈依後等持片刻隨即修發心。先修世俗菩提心。

世俗菩提心以四無量心為基礎。此即：修慈無量令一切有情得樂；修悲無量令一切有情離苦；修喜無量令一切有情喜悦；修捨無量以離執著分別，得平等捨。

儀軌中觀遍虛空一切有情與行者自身怨親無定，即是修捨，然後修慈、悲、喜。此即先建立平等捨而修。

修四無量心後，復修自他交換心等，如儀軌所説，是亦為平等捨。四無量心之平等捨為一切有情，無論怨親皆平等；自他交換心之平等捨，則為自他平等。

觀修時復須恆時「空悲雙運」。一切有情皆住於空性基，此空性基即是如來法身，亦即佛內自證智，故一切有情實本無所縛，得自解脱，今彼等不知此實相故成輪迴，由是行者即對彼等生悲。此悲心不離空性，是為雙運。

故《道歌》（*Dohā*）云 ——

> **觀修空性離悲憫　於殊勝道不可得**
>
> **唯修悲憫而離空　只住輪迴不解脱**

修自他交換心後，儀軌中「離取捨苦樂所緣，止觀雙運」一節，文字雖少，但卻實為觀修空悲雙運之要點，是即密義之觀修。

如來藏為「智識雙運界」。佛內自證智境界説為法身，法身具足功德，由是可以將如來法身視為所依，藉功德力（生機），令一切識境得以隨緣自顯現，由是智境即與識境成為雙運，如水與月。

於水月，水中實並無有月，而且連月相亦從未真實生起，以水紋不斷動漾，故實無不動、堅穩之月相。人見月相，本只見水紋之相續，執之為月相，僅為虛妄分別而已。

然而此虛妄分別卻宛然具在，此即如世間一切法宛然顯現，只執其顯現，即成輪迴界，若知「**種種顯現水月紋**」，則知智識雙運界。於雙運界中，如水與月不相異離，故從未有人能將水中月自水中拿走。所以識境恆依智境，不相異離，故此雙運界實為法爾，自然而然存在。

## 乙三　修念金剛薩埵

ཨཱཿ 於自凡夫身頂上　　白色蓮花月輪中
ཧཱུྃ 成上師金剛心　　白明受用圓滿身
鈴杵抱持穗佛母　　皈依尊得清淨罪
以猛利心而發露　　後遇命難亦防護
於尊心輪圓滿上　　ཧཱུྃ 字周圍咒鬘繞
父母樂受聯合間　　甘露菩提心之雲
降落猶如冰片塵　　我與三界諸有情
業及煩惱苦等因　　病魔罪障過犯消
無餘清淨請成辦

於唸ཨཱཿ時觀空，隨觀自己頂上有八葉蓮花，花莖長四指，安於頂門。復於蓮花上有ཨ字，化光成為白色清涼月輪。月輪上有白色ཧཱུྃ字，一剎那間轉成上師金剛心，身白亮，放白光，寂靜微笑，相好圓滿。

---

此即菩提心之雙運，於中智境即勝義菩提心，識境即世俗菩提心，法爾雙運。
於此觀修雙運境中，行者應知法身廣大空性，及其顯現之一切六道有情本來雙運，由是而觀修空悲雙運。
於收攝時，自身與六道有情化光入上師皈依境，上師皈依境又次第收攝，皆入上師法身。此際不更緣一切顯現，但顯現亦並非無有，因於法身廣大空性中，無論成不成顯現，智識雙運界皆恆常。是故空性恆常，同時大悲恆常。如是，見六道有情顯現即見空性，而所謂見空性者，實亦不離周遍一切界之六道而見。
此於菩提心，亦即勝義與世俗恆時雙運，故龍樹《中論》言 ——

若不依世諦　不得第一義
不依第一義　終不得涅槃

是知不可唯空而不見世俗之有。能於雙運中發心，始名為勝義發心、無上發心。

本尊穿白綢上衣，雜色下裳，繫藍色冠髻帶，短袖舞衣，及五色天衣。

頂上寶貝莊嚴及耳飾、頸飾、手鐲、足釧、腰帶、朵舍（由頸至臍之寶鬘）、舍母（由頸至乳之寶鬘），如是八種莊嚴。

本尊右手持金剛杵豎靠胸際，左手持鈴斜置腰間，鈴口向外。

金剛穗母（即法界大自在母），白色，持鉞刀及顱器。兩足金剛蓮花跏趺坐，雙尊平等聯結。觀想已，向本尊父母猛利懺悔，宿生以來一切罪業，仗依止本尊力，悉得無餘清淨。本尊以能破力，為我清除罪業無餘。己身則發誓，以後縱遇命難，亦不再作惡業，如是為防護力。從前所犯，今將一一予以對治，是為對治力。再誦百字明，是為現行對治力。

誦咒時，觀本尊父母由月輪降大樂甘露，月輪中有如芥子大之ཧཱུྃ字，周圍百字明咒鬘圍繞。右旋放光，佛母月輪左旋放光。二尊雙運，白色清涼甘露由密處流出，至我頂上蓮花，由蓮莖而入頂門，充滿全身，我身即有膿血、昆蟲及烏煙黑水，由毛孔及下二門流出，部份流入地下第九層紅牛死主口中，部份化成千百自身相，為宿生以來怨敵債主打罵殺戳，令彼等滿意而去。如是誦百字明二十一遍，以至一零八遍。

先誦七遍令觀想固定，然後祈禱曰：

怙主——

以我愚蒙無知識　三昧耶戒有闕犯

仰祈師佛垂救護　至尊大執金剛持

無量大悲普總持　我今皈依眾生尊

後唸 ——

**我今發露懺悔違反身語意一切根本支分三昧耶戒罪障、過犯諸垢，悉皆消除清淨。**

如是懺悔已，後續唸百字明。

唸已，觀金剛薩埵父母化光入自身，於是自身亦成金剛薩埵父母相，三金剛字明顯。心間月輪上有種字咒鬘圍繞。放光上供下施，於是六道有情皆成本尊相，與自成之本尊一同唸咒。

ཨོཾ་བཛྲ་ས་ཏྭ་ཧཱུྃ།

• Oṃ vajrasattva hūṃ

唸畢收攝而住於定。[11]

---

[11] 本儀軌為生起次第之除障。
依世俗諦而言，除障依於四力，行者對此須生決定，此實甚為重要，若無此決定，則完全流於事相。依儀軌修，須知此點。
四力者，對本尊之依止力；本尊之能破力；行者誓句之防護力；懺罪與誦咒之對治力。
本尊金剛薩埵實即行者之本覺。於迷悟時，本覺為無明所障，故生起為落於識覺之凡夫，於識境中受輪迴苦。此無明障實為根本，由此而有煩惱及業障生起。今將本覺之明，施設為金剛薩埵父母雙尊，是即空性中之識境顯現，亦可說為智識雙運之境界，行者即於此境界中由明以除無明，是除障根本義。
所觀之金剛薩埵父母亦有表義，母佛表義為空性，是即智慧，父佛表義為方便，是即識境，二者聯結雙運，即表義為空悲雙運，是即行者本覺所生起之形象。本覺本無形象，唯藉施設而有。
如是於世俗層面中，由本尊父母所流出甘露，清除行者之罪障，是亦將障施設為世俗層面，故將病患施設為膿血、宿生業障施設為昆蟲〔及小魚、小蛇等〕、罪障施設為烏烟黑水。此等施設用以供養紅牛死主，贖橫死、惡死；用以化成千百自身相，供怨敵打殺洩忿，贖一切違緣與不祥。

## 乙四 獻曼達

曼達有七供、三十七供及三身曼達之別。七供者，以顱頂為須彌山王，以雙眼為日月，以身前為東勝神洲，身右為南瞻部洲，身後為西牛賀洲，身左為北俱盧洲。

三十七供者，以身內三十脈而供。三十七者，如前七供，加八小洲，及寶山、如意樹、隨欲寶牛、自然稻，及輪王八寶 （輪、珠、妃、大臣、象、馬、將軍、藏瓶），及八天女 （嬉、鬘、歌、舞、花、香、燈、塗），及寶傘、寶幢等。

三身曼達為紅教特有之法，即本法。

於面前虛空中，現上師五聚皈依境。治潔曼達盤，塗以

---

但於懺罪之後，金剛薩埵父母化光入自身，與行者無二，行者亦觀自身成金剛薩埵父母雙尊相，如是，即識境隨緣自顯現之觀修。於識境中六道有情皆成本尊，亦為識境。於識境中有無數金剛薩埵雙尊，為「一即是多、多即是一」之決定。智境唯一（本覺唯一），但識境之自顯現則為多。此際識境自顯現所隨之緣，為相對緣起，然行者於等持時，須生「不一不異」之決定，以離相對。

復次，行者可略作圓滿次第除障，即於自成本尊已，可觀三脈四輪，迎請智慧尊住於臍輪，由其父母雙尊欲樂所生暖相、光明相、逆上心輪、喉輪、頂輪，如是除四輪障。四輪障者，頂輪為嫉妒，為身障（脈障）；喉輪為慢疑、為語障（氣障）；心輪為瞋恚，為意障（愚癡障）；臍輪為貪欲，為明點障。

四輪障又配四時，頂輪為醒位時、喉輪為夢位時、心輪為睡位時、臍輪為等持位時。此四位四時，皆由無明而令凡夫施設之為真實，由是不識心性中之法身（如來藏），故除四輪障即除四位與四時之分別。

此種除障觀修甚為深密，須待上師口授。

然更為殊勝者，則為勝義除障，行者於收攝後作等持時，無所緣而緣，更無能淨、所淨、是故既無能除障之金剛薩埵雙尊、亦無能除障之方便如百字明、更無所除障之六道有情，因一切識境中之施設或顯現皆如幻生起，無有真實，譬如水中月。於此決定中，行者當可契入如來藏境界，亦即智識雙運界，表相為內自光明界。此即勝義除障。

總結上文，除障依儀軌可分為三次第：初、生起次第除障；次、圓滿次第除障；三、勝義除障。初及二依抉擇觀修，其三依決定觀修。

紅花香水。於曼達盤之底盤，唸百字明塗拭已，乃唸 ཨོཾ་ཨཱཿཧཱུྃ（oṃ āḥ hūṃ），且觀想此三金剛字顛倒，各滴白紅藍甘露於盤內。

放下第一層圍盤，此時右手撒米於底盤，唸：

- Oṃ vajra bhūmi āḥ hūṃ

即觀想此底盤成金剛地基，撒米續念：

- Oṃ vajra rekhe āḥ hūṃ

即觀成外鐵圍山圍繞，此為化身戒律之牆。

於是唸讚誦曰 ——

三千世界百億剎　七寶人天富饒滿
我身受用悉供獻　願得轉法輪王位

誦時觀想以三千大千世界、百俱胝器世間及有情世間之圓滿豐饒，以及行者自身之受用善資糧，悉皆向化身佛供養。

如是放下第二圍，誦咒撒米如前。隨誦曰 ——

無上大樂密嚴剎　具五決定五智聚
供養雲聚難思議　由供獲報剎受用

誦時觀想密嚴剎土顯現，以五智慧雲供養報身諸佛。

放下第三層圍盤，隨於中撒米誦咒如前。並唸讚誦 ——

現有清淨童瓶身　莊嚴悲心無滅性
持身明點清淨剎　由供願住法界身

誦時觀想，於本來不生之所依，現法爾光明，於一一極微塵中，亦現微塵剎土，通達不可思議之一切法性，於是自他一切有情，能圓滿二資糧，清淨二種障，心生圓滿證量，即以此證量光明供養法身佛。

將摩尼寶置於頂上，隨觀三金剛字回復原狀。右手持米，恭敬而摔，口誦三金剛字。

雙手捧曼達盤，觀皈依境而供，且觀五色光團，由一而五，五為二十五，如是擴展至無盡虛空，供養遍虛空諸佛。復觀光團聚而為一，然後放下。

再供時，將米朝內傾倒，如前而作。但每層略加新米，表示舊功德加添新功德。如是數數而作。[12]

---

12 獻曼達即向壇城獻供。此有七供、三十七供之分別。於世俗，即此獻供已能滿足積聚資糧之目的，因所獻供者，已包含情器世間認為最為寶貴之珍品，連同行者自身之五妙欲。如是即為內外供養。

然而勝義獻曼達（勝義積資糧），則持「智識雙運」之境界而作，是即獻三身曼達。

此如《吉尊心要》釋論《持明教言》中有詳説，茲略攝如下，俾作補充，此亦實乃敦珠法王之傳授。其説云 ——

> 其一，為獻供化身剎土。觀成資糧田（即皈依境）已，誦「三千世界百億剎」等句，觀想一一世界須彌山顛，有月輪座，一一有根本上師現化身相，四周為三種傳承上師及四持明海會，大洲與小洲上則為諸佛、菩薩、寂忿尊、空行、護法海會。
>
> 如是復觀一切化身剎土之妙欲及受用，以及一切莊嚴，充滿三千大千世界，無有空隙。此包括圓滿七寶、八吉祥、藥物等。復有眾多珍禽異獸遊戲，於藥樹園林、香水河溪等地。
>
> 此一切供境，為鐵圍山環繞。如是誦「獻曼達」頌。
>
> 其二，為獻供報身剎土。觀想於化身剎土上方有諸密嚴剎土，其地面具種種不可思議莊嚴，悉化為虹彩光明盈滿，行者如聞鼓音及法音，於是誦「無上大樂密嚴剎」句。
>
> 於陳列輪圍時，先於中央陳列莊嚴，然後陳列四方，觀為五色光明。此時誦「具五決定五智聚」句，然後觀想種種不可思議莊嚴而誦末二句。
>
> 其三，獻供法身剎土，其見地為：以體性本淨為因而成外境，故無能供、所供之供境，以本來無生故。然而法身莊嚴即為其無滅大悲，由是而成法身遊戲。

## 乙五 施身法

面前虛空中現皈依境，　復觀一切損害自己之六道有情圍匝自身，於是唸誦曰 ——

ཕཊ༔ 捨身愛執摧天魔　　心出頂門契法界
成忿怒母摧死魔　　右執摧煩惱魔刀
摧蘊魔切天靈蓋　　左作事業執顱器
三身人頭灶上置　　內容三千滿身肉
短ཨ倒ཧཾ化甘露　　三字甘露淨長變

隨唸 ཨོཾ་ཨཱཿཧཱུྃ༔（oṃ āḥ hūṃ）無數。

唸誦時觀想斷愛惜貪著自身之執心，如是摧滅天魔。

隨想自心體內白明點如豌豆大，從頂門跳出，成智慧空行黑忿怒母，綢衣、骨飾、耳環、骨瓔珞、項飾、手釧、膀圍、腳鐲等莊嚴具足。頂上豬面，右手持鉞刀，如是摧壞死魔及煩惱魔。

---

**如是供時觀想，於本來無生之法爾光明中，以微塵剎土為莊嚴，由是以行者之證量為供。**

上來所言，即涵如來藏理趣。於化身及報身曼達，以所顯現之莊嚴作供，然行者須生決定，凡所顯現皆依於本來無生之智境（法身），是即「色即是空」、「色不異空」。於供法身曼達時，行者須生決定，法身不可思議，本不成顯現，然而以大悲（如來法身功德）故，得成識境隨緣自顯現、此即微塵剎土，且一剎土具足一切剎土，是即「空即是色」、「空不異色」。

如是獻供，即以如來藏作獻供，即以智識雙運界作獻供，即以四重緣起法作獻供。於現證如來藏時，即二種資糧圓滿。

故獻供曼達，其密義不在於能供、所供之事相，而在於現證法界及法界莊嚴。若但落於事相，則不成積聚資糧。

又，於獻供三身曼達中，化報二身曼達所積聚者為福德資糧；法身者所積聚為智慧資糧。

甯瑪派更有密密積資糧法門，屬不共圓滿次第，似三身曼達而更為深密，於此不贅。

忿怒母用鉞刀砍取行者之天靈蓋，隨即放大如三千大千世界，以過去未來現在三身人頭為灶架，頭大如須彌山王。又將行者身切為碎片，連血置天靈蓋中。忿怒母乃噴出ཨ字，生智慧火，復噴出ཧཾ字，倒懸天靈蓋上，不斷流出甘露，融化沸騰。

以ཨོཾ字光照射，一切不淨，化青紅色氣而滅，於是血肉變為清淨。

以ཨཱཿ字光照射，供物增長，甘露盈溢。

以ཧཱུྃ字光照射，變成廣大圓滿受用。

復由自身脈輪生出無量嬉女、舞女、歌女，以至塗女等。彼等持天靈蓋供佛，復自受用，而以殘食施六道有情，令欲損害行者之六道，皆得飽滿，與行者皆成虹光身，住於法界。唸誦曰 ——

ཕཊ༔ 上供境客心意滿　資糧圓滿得成就
下凡客喜債已償　作損害障類皆飽
病魔障難自寂靜　惡緣我執毀為塵
供事供境諸無餘　住大圓滿本體阿

如是於光明中入定片刻。

此光明可觀為如虛空之藍，亦可觀為虹光，觀時行者心中生起俱生光明，與法界光明融合，如水乳相融。[13]

---

[13] 修施身法目的有二：一、摧四魔；二、除我執。
自外義言，四魔為蘊魔、煩惱魔、死魔、天魔。蘊即五蘊，人常執此為自我。既有自我，即相對而有「我所」，如外境即我所有之一切法，如是成立「能取」與「所取」，一切法遂成「二取顯現」，如是即執一切法為有。

## 乙六　上師瑜伽[14]

### 丙一　明觀皈依境

• Oṃ sūnyata jñāna vajra svabhava ātma hok ḥang

觀面前虛空中，現起鄔金剎土，於蓮花宮殿中，自身觀為智慧勝海佛母（即移喜錯嘉），形如金剛瑜伽母，身紅色，右持鉞刀，左捧滿血顱器，左肘挾天杖，於蓮花日輪屍墊上，右足伸、左足稍踡而坐。綢衣骨飾莊嚴。三信解恭敬目，定睛注視上師之心。頂上平對之前面虛空處，有種種億瓣蓮花，與花胚量等之日月墊上，有總皈依本體上師，相狀如鄔金海生金剛，年滿十六歲，兩目凝然諦視，內穿白色金

---

於執「人我」、「法我」後，遂見生滅。於生滅現象中，即執本無顯現而成顯現者為「生」；本已顯現而成不顯現者為「滅」，如是而成對識境之執著，於識境中，依識分別，遂起一切煩惱，及起生死分別。

由是蘊魔、煩惱魔及死魔即已形成，是為人之內魔。

至於天魔，則為不可知之自然災害，如水、火、風災，及地震等。更可引伸為人不可知之突生災患疾病，以及刀兵禍刼，蓋人常以為此等災患實由超自然力量主宰。

故由外義除魔，即將肉身（色蘊）及精神（受、想、行、識四蘊）施供。如是即除四魔。此實以捨五蘊身為基本。

由心觀成無數天女，向皈依境諸聖眾作供，更向六道有情作供，是積資糧。

但若依密義而修，則仍須依如來藏之智識雙運義。是即抉擇：一切觀想，無非心性自顯現，由觀想而成之心行相，亦即法性中之識境隨緣自顯現，由是生一決定，心性與法性不一不異。更者，由心性而生之四魔，無非亦是識境隨緣自顯現，若落於識境，則成四魔；若住於智境而觀察不離智境之識境，則四魔本來不生。

如是決定，以心性與法性契合故，心性即得離一切迷亂而休息。此即勝義施身，亦即勝義除四魔。

14 上師瑜伽者，乃行者與上師相應而成心性自清淨。此有兩點須知：一、必須尊重上師即三寶總集，具佛法僧自性，而此佛法僧自性又即法報化三身自性。二、於此觀修中，上師實以灌頂力啟發行者本淨心，故說為相應。故若不尊重上師為三寶總集，則相應不成。

此法分三：初，生起皈依境；次、供養皈依境；三灌頂（及灌頂後之讚誦與發願）。

剛秘密衣，其上為紅色襯衣，又上為深藍色大袍，復次為紅色法衣，外披金絲紋飾之紫色緞披風，頭戴蓮冠。一面二臂，右手執五鈷杵靠胸，左手定印上顱器中，貯有無死智慧甘露長壽瓶，左挾隱有佛母壇城之三叉天杖，以寂忿相，威光晃耀如國王受用而坐。

四周虹光圍繞，如天幕。尊身放五種虹光網，網目格紋內，無量虹光圓明點射現，中具有從本尊心廣大智慧受用所現：印度持明八師、瑜伽自在八十四師，及藏中大成就二十五王臣、印藏大善巧大成就住持明位諸師、六大續部無量寂忿本尊，暨天海地三處勇士空行、護法、守教、財天、庫神等，如雲濃密而住。一切尊皆明空雙運，猶如水中月、天中虹，如是觀想而誦 ——

ཨེ་མ་ཧོཿ

自現本淨極廣剎　圓滿銅色德山中
自成金剛瑜伽母　一頭二臂執刀蓋
兩足伸屈目視空　於頂蓮開日月上
皈依總聚根本師　無異海生金剛身
白紅顏色童年狀　身穿袍衣並披風
一面二臂國王坐　右杵左手捧蓋瓶
虹亮明點光聚中　外繞五光網端嚴
變化王臣二十五　印藏諸師並本尊
空行護法如雲布　明空大定法爾顯

隨即讚頌曰 ——

ཧཱུྃ　鄔金西北隅　蓮莖花胚上
得勝妙成就　聖名蓮花生

空行眾圍繞　我隨師修行

加持祈降臨

誦此七句偈，即觀聖眾如芝蔴剖莢而降。與前觀皈依境中三昧耶尊，一味融合。即唸：

གུ་རུ་པདྨ་སིདྡྷི་ཧཱུྃ

• Guru padma siddhi hūṃ（七遍）[15]

## 丙二　七支供養

觀自身變百千無數身，與三界一切有情皆以三門極恭敬禮拜；實設或意顯成普賢供養雲遍虛空法界而為供獻；從無始輪迴以來，三門所集一切罪業皆以猛利追悔心而懺，想舌上有黑聚，皈依境聖眾身口意放光照射，如洗垢然而清淨，今後永不更作以對治防護而懺；於世俗勝義二諦所攝世出世間三道善根心生歡喜，且無妒嫉而隨喜；於十方佛菩薩前，請轉聲聞、緣覺、菩薩三乘法輪；輪迴未空之間，啟請不般涅槃；如是所積善根及三世所積一切善根，悉皆回向一切有情，作為彼等成佛之因。緣如是七支等義，依念而誦 ——

15　此段為生起次第。然此中非無圓滿次第，「**虹亮明點光聚中，外繞五光網端嚴**」等，壇城如水晶明點聚，此中即有圓滿次第意趣，故能成為行者觀修圓滿次第之基。以此之故，此生起次第即名為「施設諸顯現法基」。行者若不知此理趣，唯修生起，則不能於出世間道生決定。
若唯落於世俗，則僅為行者向上師作讚頌與祈請，接受灌頂及加持。若如是，則行者何須自成智慧海空行母相？故知此觀修必須超越世俗。如是，觀壇城明點聚及光網即十分重要。壇城聖眾悉成明點，法界光明則成光網，自顯現為報身五佛光明。

ༀཨཱཿཧཱུྃ 我身盡剎塵　變化而敬禮
實設意顯力　現有手印供
三門不善業　法身光中懺
二諦之所攝　善資糧隨喜
於三種姓機　請轉三乘輪
盡輪迴未空　請勿入涅槃
三世所積善　回向大菩提

如是觀想敬禮、供養、懺悔、隨喜、請轉法輪、請佛住世、回向等七支，唸三至七次。[16]

## 丙三　啟白及灌頂

如是得解脫及一切智果位，係由自心生起智慧而證得。能證得此智，則由上師加持。能得上師加持，則係由信解恭敬而致。是故行者受上師之恩，較受佛恩更重。於是心生決定，

---

[16] 七支供養者，為敬禮等七支，名為普賢供養。普賢者，非指普賢菩薩，實指周遍識境任運圓成，周遍故為普、任運圓成故為賢。如是七支，即以識境之能作所作而成供養。

此亦即以凡庸心性向法性作供養。若如是作時，於後來之灌頂，亦即以凡庸心性而受灌頂。此可為初行瑜伽士之所為。

若密義中，七支供養悉皆為智識雙運境界，上師與行者為智識雙運界之識境，一切識境皆隨緣自顯現，無生無滅，如夢如幻，由是七支行相亦如夢幻，行者之所為，可視為自顯現之緣，以此緣起作七支時，敬禮為向如來法身敬禮、供養亦向如來法身供養、懺悔即造作識境之因緣、隨喜為向如來法身隨喜、亦為向法身功德請轉法輪、向法身功德請長住世。

如是，亦可說為認知上師本來面目，本淨體性，於此認知即能生一決定：於離戲論時，心性之七支即是法性功德。此勝義境界，亦即勝義七支供養。此如《大乘密嚴經》云 ——

金剛藏，如來常住恆不變易，是修念佛觀行之境，名如來藏。

以心肺胸三者皆交付上師。從今乃至菩提間，所有苦樂善惡唯師遍知。以此不可動搖之信解恭敬，作讚頌曰 ——

大德上師寶　汝為一切佛
悲心總加持　有情唯一怙
受用肺心胸　無觀待供師
未得菩提間　樂苦善惡等
大德蓮師知

ཨོཾ་ཨཱཿཧཱུྃ་བཛྲ་གུ་རུ་པདྨ་སིདྡྷི་ཧཱུྃ།

• Oṃ āḥ hūṃ vajra guru padma siddhi hūṃ（一零八遍）

我無餘依處　濁惡世有情
沉極苦泥中　救者唯上師
四灌加持者　予證大悲者
淨障大力者

何日壽盡時　於妙拂德山
雙運化身剎　身成瑜伽母
明亮光團丸　與大德蓮師
無異而成佛　樂空之幻化
大智慧享受　三界諸有情
引渡勝導師　蓮師為拔苦
至心作啟白　非僅口言說
是心要加持　義利皆成辦

• Oṃ āḥ hūṃ vajra guru padma siddhi hūṃ（千遍）

唸咒時觀此為銅色德山宮殿內秘密心所放之聲。此時仍緣皈依境。[17]

唸後思維根本傳承上師等功德，乃唸啟白 ——

ཨེ་མ་ཧོ༔

離墮偏向剎界中　初佛法身普賢佛[18]
報身水月金剛心[19]　化身相滿喜金剛[20]
啟白賜加持灌頂
文殊知識[21]轉九輪　吉祥師子[22]勝法藏
智經[23]大智無垢友[24]　啟白教示解脫道
南洲莊嚴蓮花生[25]　殊勝心子王臣伴[26]
心海顯示廣大足　空行法藏無畏洲[27]
啟白賜得果解脫

---

17 此為向上師祈請灌頂。由於本儀軌施設上師為報身（鄔金剎土主尊），故祈請時應緣想「七支和合」（kha sbyor bdun ldan），此即報身七種自性，是為：受用圓滿支、和合支、大樂支、無自性支、大悲周遍支、利生無間支、永住無滅支。說為「金剛持」之異名。持此七支義，即能決定，報身為明空無二，故非唯空，亦非唯樂受，說為樂空雙運智境。
然雖思維報身七支和合功德，於上師仍須決定其具足法報化三身，三身缺一皆不堪成佛故。

18 Samantabhadra。

19 Vajrasattva。

20 dGa' rab rdo rje。

21 Mañjuśrīmitra。

22 Śrīsiṃha。

23 Jñānasūtra。

24 Vimalamitra。

25 Padmasambhava。

26 藏王赤松德真（Khri srong lde btsan）。

27 'Jigs med gling pa。

（以下由智悲光尊者後各代傳承者增補）

善成就普賢利他[28]　持明者無畏佛芽[29]
本依怙智悲自在[30]　總皈處大恩上師
啟白緣具義利藏　不變了義自在師[31]
啟白無畏智金剛[32]　無畏金剛[33]同啟白

（以下讚上師空行母）

空行剎土也拉施　妙拂洲曼德拉華[34]
為教化故轉人身　本尊修得成就藏
姐祖佛母前啟白　我心解脫願加持
明空雙運金剛界　五智同得秘密藏
四現究竟諸佛悲　三界映蔽喜金剛
啟白願加持我心

（發願祈禱：生有）

出離世間無怯懦　依金剛師猶如眼
受持奉行甚深道　無有變異勤修習

---

28 Kun bzang gzhan phan，即無畏事業光（'Jigs med phrin las 'od zer）。

29 'Jigs med rgyal ba'i myu gu。

30 'Jam dbyangs mkhyen brtse dbang po。

31 'Gyur med nges don dbang po。

32 'Jigs bral ye shes rdo rje，即敦珠法王（bDud 'joms rin po che）。

33 rDo rje 'jigs bral，本叢書主編談錫永之法號。此啟白讚頌與嚴定法師之原來譯本略有出入，乃依傳承稍作編訂。

34 Mandarava。

心密加持祈降臨

世出世間密嚴剎　法身清淨圓熟果

無修無證大圓滿　離心思維法性智

赤裸顯現願得見　離分別相虹光身

願與明點俱增長　心純進詣報身剎

法性窮盡成正覺　願證堅固童瓶寶

（死有）

無上瑜伽未契入　粗身未能證明體

何日壽命終盡時　死有法身淨光現

中有顯現圓報身　立斷頓超道圓滿

子入母懷願解脫

（中有）

大密光明殊勝乘　不覓諸佛法身相

未能現證本來地　應依無修五勝道

自性變化五剎土　特別蓮花光明宮

持明海眾鄔金王　秘密法會喜宴處

為上首子而往生　無邊有情我願度

（即身圓證）

持明海眾所加持　法界難思真實力

暇滿圓熟淨三緣　唯願現證佛果位

如是發願，觀皈依境情器皆化虹光入上師身，於面前安住。於是默唸並作觀想[35] ——

從上師額間有ཨོཾ字，猶如水晶，明亮放光，入我頂輪安住，於是我身業及脈障皆得清淨，得身金剛加持，寶瓶灌頂，成生起次第根器，生異熟持明種子心，具得化身位之堪能。

從上師喉間ཨཱཿ字，猶如紅蓮花，明耀放光，入我喉輪安住，於是我語業及氣障皆得清淨，得語金剛加持，秘密灌頂，成轉凡夫語為金剛誦之根器，生壽自在持明種子心，具得圓滿報身位之堪能。

從上師心中ཧཱུྃ字，猶如虛空，放藍光入我心輪安住，清淨意業及明點障，得意金剛加持，智慧灌頂，成空樂雙運根器，生手印持明種子心，具得法身位之堪能。

仍由上師心中生出第二ཧཱུྃ字，如箭射，與我心無二相合，清淨所知障及習氣，得智慧金剛加持，文字表示勝義灌

---

35 此處先向本法傳承上師祈請（啟白），然後祈請於生有、死有、中有時能得加持。
於傳承中，「心海顯示廣大足」一句，指龍青巴，此乃將 klong chen 意譯為「廣大」。
無畏洲（智悲光）將此法傳與兩位弟子，即普賢利他（多竹千一世）及無畏佛芽。此二位之共同弟子即文殊智悲自在（金剛威光），此師傳不變了義自在（'Gyur med nges ston dbang po），再傳至敦珠甯波車。
嚴定法師譯本，傳承與此不同，其讚頌曰 ——

善成就普賢利他　持明者無畏佛芽
本依怙智悲自在　總皈處大恩上師
啟白緣俱義利藏　現圓剎透落嘎尊
妙拂洲蓮花頭鬘　波支城虹身金剛

此中「透落嘎尊」即洛迦普陀，又名噶陀堪布語自在吉祥賢（Kaḥ thog mkhan po Ngag dbang dpal bzang, 1879-1941），噶陀寺雖修甯瑪派法，但噶陀傳規則與薩迦派相同，於四灌頂道，每道皆依見（抉擇）、宗（決定）、臨終、果等四者而修。於漢地傳出此儀軌之薩迦派根桑澤程上師，應即屬於此系統。至於「虹身金剛」（'Ja' lus rdo rje），即mDo mKhyen brtse ye shes rdo rje。本儀軌此處啟白，已據敦珠法王之傳承改訂。

頂，頓成大圓滿器，頓生俱生持明種子心，具得究竟果本體法身之堪能。

如是唸觀已，觀蓮師心中有紅暖光射入，於是自身所成之金剛瑜伽母得樂明無念，化為紅光大樂體，成風心無二自性光團，如豌豆大，即如火星散合於上師心中而住於定。[36]

出定時，如魚躍於水，剎那觀成上師雙運身而唸 ——

具足吉祥本師寶　住我心中蓮月座
由大恩門哀攝受　賜給身語意成就
於具德師解脫傳　剎那亦不生邪見
解敬善見師所作　願心契師所加持
願生生不離善師　妙法殊勝恆受用

---

36 此處為上師賜予四灌頂。即瓶灌、密灌、智灌、名灌（儀軌作「文字表義勝義灌」）。

如《幻化網秘密藏續釋・光明藏》（不敗尊者造，沈衛榮譯、談錫永釋。收本叢書系列）云 ——

> 能令身脈清淨，得化身〔堪能〕者，為寶瓶灌頂；能令語風清淨，得報身〔堪能〕者，為秘密灌頂；能令意與明點清淨，得法身〔堪能〕者，為智慧灌頂；能令三門清淨，得平等性身〔堪能〕者，乃句寶灌頂。

灌頂為能令四金剛智成熟之善巧方便，此中第四灌智是為究竟，此即灌頂之理趣。蓋於自相續中，本具如來藏，施設為清淨大平等性本基壇城，此中離戲論、無分別。然此自性極難證悟，故由灌頂令此自性驟然生起。

為此，行者於受灌頂時，須如《吉尊心要》所言 ——

> 應先憶念且意守佛身明相，其膚色、手印、坐姿、服飾等，其後生起總相（按，此即壇城、本尊等整體行相），光明且離分別，如同明鏡影像；顯現而無有，如同空中彩虹；無礙而能遍現，如同水月行相。

此中如鏡影離分別，是為空分；如彩虹顯現而無有，是為明分；如水月而遍現，是為現分。具此三分而無分別，即是樂空無二，為第四灌智。受灌頂者雖未現證，但應持此而成抉擇，如是始堪能受四灌頂。

本儀軌第四灌時，上師心中生起第二ཧཱུྃ字，如箭射入行者心中安位，此ཧཱུྃ字可仍觀為藍色，亦可觀為紅色，視傳規而定。然行者必須抉擇此第二ཧཱུྃ字與自己心輪已生起之ཧཱུྃ字無二，如水入水，非如將一物置於一物之上，必須如此，始堪能成大圓滿根器。

其後得上師心中放紅暖光加持，自身化為光團住上師心，如是即成樂空無二體性。

地道功德胥圓滿　持金剛位速證得
以此善願諸眾生　圓滿福慧二資糧
從於福慧之所生　勝士二身願證得
眾生盡所有諸善　所作能作作者等
如此賢善同等地　咸是普賢願得成
文殊師利勇猛智　普賢慧行亦勇猛
我今回向諸善根　隨彼一切常修學
三世諸佛所稱讚　如是最勝諸大願
我今回向諸善根　為得普賢殊勝行
於何所生一切生　願具善聚七功德
生已無間遇佛法　如理修持願自在
此由善師能喜悅　晝夜常時行法行
通達法成真實義　願於此生渡有海
於世間中示正法　修利他行無厭疲
廣大事業無方類　一切共同得成佛

如是啟白回向發願總文念已，亦可誦《銅色德山願文‧德山妙道》。於未修時中，可如共三會歸瑜伽而修念誦觀想。特別於新鮮飲食想如甘露自性、衣如天衣，供養頂上上師。六根識所顯善惡好醜，皆不起凡庸分別心，而常常保任為本尊身、咒音、智慧明性。於夜寢時，為自他義利，當誦《願欲頓成祈請文》及特別之《淨三身界願文》後，觀頂上上師從梵穴延中脈降下，住於自心四瓣蓮台中，光明遍滿身內，明顯無比，心依之而住，上師心與我心無分別和合，盡力任持此觀修相續而睡。亦可觀想由自心上師放光，明顯照觸外器世間越量宮殿，如鹽入水，皆化光融入一切有情顯之本尊身內，再融入自身，自身融入心中上師，上師則於無緣赤裸空性之內顯光明中消融，心無分別而休息。若醒，當斷除散亂、掉舉、迷夢等憶念，仍住定任持於周遍光明中。黎明，仍修早起瑜伽等四座修持。若死時至，則當修大圓滿簡要觀想，及住於法界覺性和合定中，此為遷識之王。若於此未能遷轉，於中有際憶念三會歸瑜伽，亦能得解脫。總之，由信解恭敬、三昧耶戒清淨，且圓滿此前行道修習，雖不修正行，亦決生銅色德山而得出離；於彼淨土中，循四持明道，較日月經天尤速而證得普賢王如來果位。

如是前行受持生起已，次第於正行之寶瓶灌頂道修習息誅生起次第、秘密灌頂道修習氣脈、智慧灌頂道修習密義方便、第四灌頂道修習立斷頓超及其支分等。受持以上心要，為即身現證雙運金剛持位之殊勝方便，應當勵力而行。

此儀軌為欲利益入道初學故，將日常修習觀想次第輯為顯扼心要，並依註解及上師教授編集而成，所生之善，願一切有情速得無死蓮花顱鬘佛位之因。

願　善　妙　增　長

本儀軌依嚴定法師譯本，復依敦珠法王口授修訂而成。於西元1992年歲次壬申定稿，今應弟子之請，更將儀軌疏釋，並附入敦珠法王所授口訣，同時再修訂儀軌一二處，俾更合甯瑪派傳規。時為西元2008年初秋，距第一次定稿已一十六年，歲月推遷，自慚應證未證，唯願此儀軌能得利樂有緣，大圓滿教法長住於世。無畏金剛記。

# 敦珠新寶藏前行讚頌

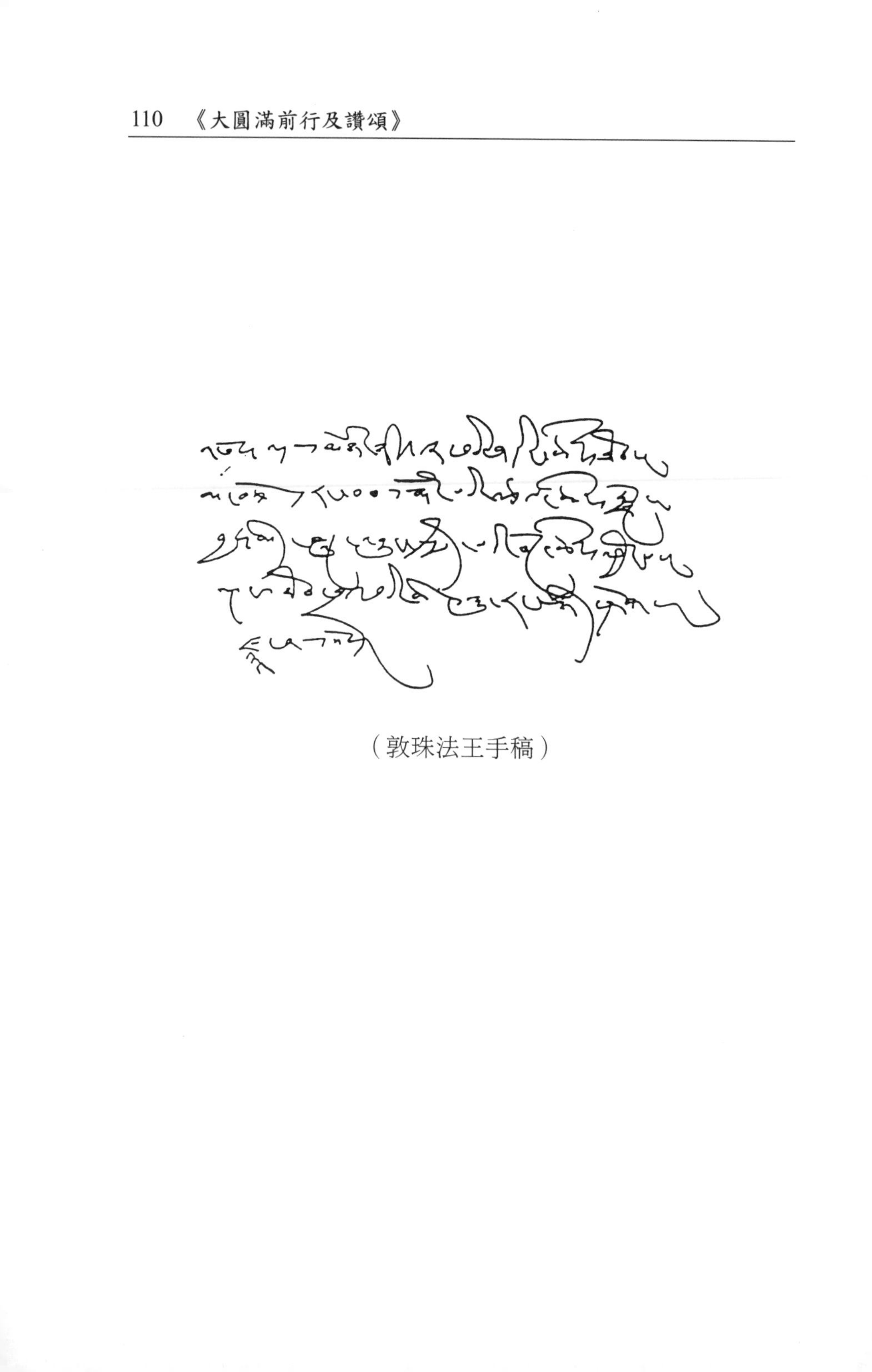

[illegible]
[illegible]
[illegible]
[illegible]
[illegible]

（敦珠法王手稿）

# 大圓滿讚頌

輪迴涅槃同一體

無整自然而生起

亦無造作自圓成

既離取邊亦離捨

༄༅། ཚིག་བདུན་གསོལ་འདེབས་ནི།།

ཧཱུྃ༔ ཨོ་རྒྱན་ཡུལ་གྱི་ནུབ་བྱང་མཚམས༔

པདྨ་གེ་སར་སྡོང་པོ་ལ༔

ཡ་མཚན་མཆོག་གི་དངོས་གྲུབ་བརྙེས༔

པདྨ་འབྱུང་གནས་ཞེས་སུ་གྲགས༔

འཁོར་དུ་མཁའ་འགྲོ་མང་པོས་བསྐོར༔

ཁྱེད་ཀྱི་རྗེས་སུ་བདག་བསྒྲུབ་ཀྱིས༔

བྱིན་གྱིས་རློབས་ཕྱིར་གཤེགས་སུ་གསོལ༔

གུ་རུ་པདྨ་སིདྡྷི་ཧཱུྃ༔

# 蓮花生大士七句頌

吽

鄔金西北隅

蓮莖花胚上

得勝妙成就

聖名蓮花生

空行眾圍繞

我隨師修行

加持祈降臨

Guru padma siddhi hūṃ

༄༅ །འོག་མིན་ཆོས་ཀྱི་དབྱིངས་ཀྱི་ཕོ་བྲང་དུ།

།དུས་གསུམ་སངས་རྒྱས་ཀུན་གྱི་ངོ་བོ་ཉིད།

།རང་སེམས་ཆོས་སྐུར་མངོན་སུམ་སྟོན་མཛད་པ།

།རྩ་བའི་བླ་མའི་ཞབས་ལ་གསོལ་བ་འདེབས།

# 法界讚頌

色究竟天法界宮殿內

具足三時一切佛自性

於我心中現真實法身

根本上師足前我祈禱

༄༅། །བདུད་འཇོམས་གཏེར་གསར་སྔོན་འགྲོའི་ངག་འདོན་
བསྡུས་པ་བཞུགས།

དང་པོ་སྦྱོར་བ་བློ་ལྡོག་རྣམ་བཞིའི་ངག་འདོན་ནི།

ན་མོ༔ བསླུ་མེད་གཏན་གྱི་མགོན་པོ་བླ་མ་མཁྱེན༔

དལ་འབྱོར་འདི་ཉིད་ཤིན་ཏུ་རྙེད་པར་དཀའ༔

སྐྱེས་ཚད་མི་རྟག་འཆི་བའི་ཆོས་ཅན་ཡིན༔

དགེ་སྡིག་ལས་ཀྱི་རྒྱུ་འབྲས་བསླུ་བ་མེད༔

ཁམས་གསུམ་འཁོར་བ་སྡུག་བསྔལ་རྒྱ་མཚོའི་ངང༔

དྲན་ནས་བདག་བློ་ཆོས་ལ་འགྱུར་བར་ཤོག༔

ཅེས་ལན་གང་མང་བརྗོད་ལ་བློ་སྦྱང་།

# 敦珠新寶藏前行修誦簡略儀軌

## 甲一　前行 —— 四思維

南無

永堪依賴怙主上師知

暇滿人身實極難獲致

萬法無常唯死可決定

善惡業因其果非虛致

三界輪迴具性如苦海

我心知此向法作皈依

如是極力念誦以修心。

གཉིས་པ་སྔོན་འགྲོ་དངོས་ལ།

དང་པོ་སྐྱབས་སུ་འགྲོ་བ་ནི། མདུན་གྱི་ནམ་མཁར
སྐྱབས་ཡུལ་མཆོག་གསུམ་ཀུན་འདུས་ཀྱི་ངོ་བོ
རྩ་བའི་བླ་མ་ཉིད་གུ་རུ་རིན་པོ་ཆེའི་རྣམ་
པར་མངོན་སུམ་དུ་བཞུགས་པར་མོས་ལ།

འདི་བཟུང་བྱང་ཆུབ་སྙིང་པོ་མ་ཐོབ་བར༔

བླ་མ་དཀོན་མཆོག་གསུམ་ལ་སྐྱབས་སུ་མཆི༔

ཞེས་ཕྱག་དང་སྦྲག་སྟེ་ཅི་ནུས་སུ་བརྗོད།

གཉིས་པ་སེམས་བསྐྱེད་པ་ནི།
སྐྱབས་ཡུལ་དཔང་པོར་གསོལ་ཏེ།

ད་ནས་བཟུང་སྟེ་འཁོར་བ་མ་སྟོང་བར༔

མ་གྱུར་སེམས་ཅན་ཀུན་གྱི་ཕན་བདེ་བསྒྲུབ༔

ཅེས་བྱང་ཆུབ་ཀྱི་སེམས་ལ་བློ་སྦྱང་།

## 甲二　正行

### 乙一　皈依

具信根本上師為蓮花生大士示現，得皈依境中三寶自性。觀想上師安坐於面前虛空中。

從今直至本性得解脫
上師三寶我虔誠皈依

如是作頂禮極力念誦。

### 乙二　發菩提心

以皈依境為發心作證 ——

從今直至輪迴猶未淨
我願利樂如母諸有情

如是修菩提心。

གསུམ་པ་ཚོགས་བསགས་པ་མཎྜལ་འབུལ་བ་ནི།
མཎྜལ་ཚོམ་བུ་དངོས་སུ་བཤམས་པ་དཔེར་མཚོན་ནས།

ཚེ་རབས་ཀུན་གྱི་ལུས་དང་ལོངས་སྤྱོད་དཔལ༔

ཚོགས་གཉིས་རྫོགས་ཕྱིར་དཀོན་མཆོག་གསུམ་ལ་འབུལ༔

ཞེས་མཎྜལ་གང་མང་འབུལ།

བཞི་པ་སྒྲིབ་སྦྱོང་རྡོར་སེམས་སྒོམ་བཟླས་ནི།
རང་ཉིད་ཐ་མལ་དུ་གནས་པའི་ངང་ནས།

སྤྱི་བོར་བླ་མ་རྡོར་སེམས་དབྱེར་མེད་པའི༔

སྐུ་ལས་བདུད་རྩིའི་རྒྱུན་བབས་སྒྲིབ་པ་སྦྱངས་སྦྱུར༔

## 乙三　積福德功德二資糧 —— 獻供壇城

結手印念誦 ——

以宿世身受用諸吉祥
供養三寶祈滿二資糧

如是極力獻供壇城。

## 乙四　修金剛薩埵除障

以平常身儀念誦 ——

金剛薩埵尊上師無別
住頂降甘露淨我障孽

ༀ་བཛྲ་སཏྭ་ས་མ་ཡ་མ་ནུ་པཱ་ལ་ཡ༔

བཛྲ་སཏྭ་ཏེ་ནོ་པ་ཏིཥྛ་དྲི་ཌྷོ་མེ་བྷ་ཝ༔

སུ་ཏོ་ཥྱོ་མེ་བྷ་ཝ༔

སུ་པོ་ཥྱོ་མེ་བྷ་ཝ༔

ཨ་ནུ་རཀྟོ་མེ་བྷ་ཝ༔

སརྦ་སིདྡྷི་མྨེ་པྲ་ཡ་ཙྪ༔

སརྦ་ཀརྨ་སུ་ཙ་མེ༔

ཙིཏྟཾ་ཤྲེ་ཡཾ་ཀུ་རུ་ཧཱུྃ༔

ཧ་ཧ་ཧ་ཧ་ཧོ༔

བྷ་ག་ཝཱ་ན༔

སརྦ་ཏ་ཐཱ་ག་ཏ་བཛྲ་མཱ་མེ་མུཉྩ

བཛྲཱི་བྷ་ཝ་མ་ཧཱ་ས་མ་ཡ་སཏྭ་ཨཱཿ

念誦百字明 ——

Oṃ vajrasattva samaya manupālaya

Vajrasattvatvenopatiṣṭha

dṛḍho me bhava

sutoṣyo me bhava

supoṣyo me bhava

anurakto me bhava

sarva siddhiṃ me prayaccha

sarvakarma su ca me cittaṃ śreyaḥ kuru hūṃ

ha ha ha ha hoḥ

bhagavan sarvatathāgata vajra mā me muñca

vajrū bhava mahāsamaya sattva āḥ

ཞེས་བདུད་རྩི་འབེབ་རྒྱུན་གྱི་དམིགས་པ་དང་བཅས་ཡིག་བརྒྱ་དང་།

ཨོཾ་བཛྲ་སཏྭ་ཧཱུྃ༔

ཞེས་ཡིག་དྲུག་ཅི་ནུས་སུ་བཟླས་མཐར།

འོད་ཞུ་བདག་སྟོང་དང་འདྲེས་རོ་གཅིག་གྱུར༔

ཞེས་རྡོར་སེམས་རང་ལ་བསྡུས་ཏེ་མཉམ་པར་བཞག །

ལྔ་པ་བྱིན་རླབས་མྱུར་འཇུག་བླ་མའི་རྣལ་འབྱོར་ནི།

རྩ་བའི་བླ་མ་པདྨའི་སྐུར་བཞེངས་གྱུར༔

རང་ཉིད་རྡོ་རྗེ་རྣལ་འབྱོར་མདུན་མཁའ་རུ༔

དུས་གསུམ་སངས་རྒྱས་མ་ལུས་འདུས་པའི་སྐུ༔

རྩ་བའི་བླ་མ་མཆོག་ལ་གསོལ་བ་འདེབས༔

འདི་ཕྱི་བར་དོ་གསུམ་དུ་ཐུགས་རྗེས་ཟུངས༔

དུས་གསུམ་རྒྱུན་ཆད་མེད་པར་བྱིན་གྱིས་རློབས༔

如是念誦百字明，觀想甘露下降，淨除障孽。續念誦——

• Oṃ vajrasattva hūṃ

如是極力念誦，復誦 ——

化光入我身觀成一味

如是與金剛薩埵融合無二，等持而住。

## 乙五　剎那相應上師瑜伽加持

金剛上師化現蓮花生
空中自成金剛瑜伽母
三時諸佛盡攝集無餘
殊勝根本上師我祈禱
慈悲護我生死中有身
三時無休賜福我祈禱

ཨོཾ་ཨཱཿཧཱུྃ་བཛྲ་གུ་རུ་པདྨ་སིདྡྷི་ཧཱུྃ༔

ཞེས་བརྒྱ་སྟོང་སོགས་གང་མང་བཟླས་ལ།

སྐུ་གསུང་ཐུགས་ཀྱི་དབང་བྱིན་ཡོངས་རྫོགས་ཐོབ༔

བཛྲ་གུ་རུ་ཀཱ་ཡ་ཝཱ་ཀ་ཙིཏྟ་སིདྡྷི་ཧཱུྃ༔

ཞེས་དབང་བཞི་བླང་མཐར།

བླ་མ་འོད་ཞུ་རང་ཐིམ་དབྱེར་མེད་དང༔

རིག་སྟོང་དོན་གྱི་བླ་མའི་རང་ཞལ་བལྟ༔

ཞེས་བླ་མ་རང་ལ་བསྡུས་ཏེ་མཉམ་པར་བཞག །

• Oṃ āḥ hūṃ vajra guru padma siddhi hūṃ

如是百千次盡力念誦，加持身語意灌頂圓成

• Vajra guru kāya wāka citta siddhi hūṃ

如是受四灌頂。

上師化光融入成無二
現證上師與我覺性空

如是上師化光入身，等持而住。

དྲུག་པ་འཕོ་བ་ནི།

མགོན་པོ་འོད་དཔག་མེད་ལ་གསོལ་བ་འདེབས༔

ཟབ་ལམ་འཕོ་བ་འབྱོངས་པར་བྱིན་གྱིས་རློབས༔

ཞེས་ལན་གྲངས་མང་བརྗོད་ལ་འཕོ་བའི་འདུན་པ་བྱ།

བདུན་པ་ལུས་སྦྱིན་དགེ་བསྔོ་ནི།

ང་ནི་ལུས་དང་ལོངས་སྤྱོད་དགེ་རྩ་བཅས༔

མ་གྱུར་འགྲོ་ལ་ཕངས་པ་མེད་པར་བཏང་༔

འགྲོ་དོན་རླབས་ཆེན་གེགས་མེད་འགྲུབ་པར་ཤོག༔

ཅེས་སོགས་སྨོན་ལམ་ནན་ཏན་དུ་གདབ་བོ།

ཞེས་གཉེར་གསར་སྔོན་འགྲོའི་ངག་འདོན་རྒྱས་པ་མི་ཤེས་ཤིང་མི་རྟོག་པའི་
རིགས་ལ་ཕན་ཕྱིར་སྔོན་འགྲོའི་ངག་འདོན་བསྡུས་པ་འདིའི་གནད་དོན་
ཀོ་བ་དེའི་གསལ་ལ་འདེབས་ས་བཅད་ཙམ་དུ་འཇིགས་བྲལ་ཡེ་ཤེས་རྡོ་རྗེས་སོ། །

## 乙六　遷轉

向無量光依怙虔祈禱

加持圓滿遷轉甚深道

如是極力念誦，鼓舞遷轉。

## 甲三　後行 —— 回向

將身及受用與功德源

無執回向如父母有情

有情利樂祈無障圓成

如是堅定發願祈禱。

為利益未能修習《敦珠新寶藏前行修習詳明儀軌》者，攝其精粹，造此修習簡軌。無畏智金剛。

# 前行修習的大圓滿見

1979年敦珠甯波車

開示於倫敦大圓滿鄔金法洲

任何修持務使世俗諦與勝義諦雙運、善巧方便與智慧雙運、覺受與空性雙運。因為這個原故，我們便以「前行」這個修持來作為善巧方便。到了修持的最後部份，即上師瑜伽，當上師與你無二無別相融，於平等住中入定之際，我們便達致智慧的層次。

因上師既是我們的嚮導，又是整個修行道上的中心，所以我們在開始一切修持時，首先便要頂禮上師。

在頂禮上師後，我們先思維這個寶貴自在的暇滿人身之難得，因為這色身是解脱道的基礎。接著，我們便思維無常與壞滅：一切法必經「異」（變化）及「滅」（死亡）。但是，即使死亡，亦非解脱，因眾生都會在「生」和「再生」的輪迴圈中流轉。故説輪迴的本質是苦。我們對此深切思維。繼而我們思維任何所作，不論它是善行或惡行，總逃不出業力的範疇。以上是歸心於法的四種思維，藏文為 blo ldog rnam bzhi。此四思維之目的，在於令心厭棄輪迴而趨向修持。故於開始時必須作此思維，並了悟其真諦。

如是而行，便像將一塊已犁好的土地加以平整，使之均匀而適宜於播種。

現在說到播種：皈依、發〔菩提〕心、獻曼達（即是積集福德和智慧二種資糧）與金剛薩埵除障法。這些〔修持〕便好像種子，撒落在已被四思維平整後的土地中。

若不假借這些世俗的說法，便無法體會到勝義。若不依靠世俗的色身，我們便不能了悟心性的真實義。同理，如果沒有世俗修持（即善巧方便），我們便不能直接體認空性。〔是故〕世俗與勝義雙運，如秤不離鉈。明白這個道理實在是非常重要。

以皈依為例：從外義來說有所謂「三寶」（dkon mchog gsum），即佛法僧。佛寶是法的根源，即導師；佛所說的是法寶，即道；而歸心於法的人便是僧寶。

我們是因為妄念和苦的緣故，而在輪迴中流轉，為求脫離痛苦，因此我們「皈依」。因為我們不能得見自身實性，和由於種種因緣和合而起的妄念，遂生起這個幻化身軀。此幻化身始終被執為真實，除非直到我們能見一切法的真實體性為止。因此，直至究竟脫離妄念之前，身軀「存在」，痛苦亦「存在」，同時亦有三寶「存在」，讓我們作為皈依。

是故，從外義來說，人們應該虔誠地皈依佛法僧。但從密義來說，佛法僧無非只是表義，亦無非是引導我們脫離輪迴的甚深方便而已。從勝義諦的觀點而言，佛法僧皆在我們心中。於勝義層次中，我們這個空性的心，既是內自光明，亦即覺性，它本身便是佛寶。從外義來說，「法」體現為音聲和詞義；你聽聞後依之修持；但從密義的觀點而言，它是空性。實在來說，它便是根本覺無盡無礙之內自光明的展現。又，從外義來說，僧是歸心於法的人；但自密義而言，僧就是心性遍滿和包涵的一面。

佛法僧三寶其實已圓滿具足於我們的心中，因為不了解這一點，所以我們必須皈依表義的佛法僧。當正確地修習前行時，以無比誠信的「意」觀想皈依境，以自己的「身」作謙恭的頂禮，亦以自己的「語」念皈依頌。最後，當你在修持結尾住定，並融入自身的觀想中時，便會體悟到此三者 —— 能、所、所作，皆是自身的根本覺（rig pa）。觀想者是自身；皈依境是自身所生，如是住於根本覺的體性中；除根本覺外無所尋伺。

佛陀於《賢劫經》（*mDo sde bskal pa bzang po*）中云：「**如來以如夢之示現，對如夢有情說如夢法。自實相言，如來實無所說，亦無所從來。**」以如實的觀點而言，沒有佛住世，亦沒有法住世，凡此不過是戲論，只存在於世俗層面的事物之中而已。

關於皈依的修持，世俗方面，是指向它頂禮和依止的皈依對象；而勝義方面，則是無修無整，即當融入所觀境，而住於任運無整的心性境界中。

發菩提心，是說如果我們的行為只求自利，即非踵武佛陀的遍智道。換言之，菩提道便被障礙了。因此，為了令一切曾經是我們父母的廣大有情能得解脫，遂生起菩提心，亦即佛陀之心。

眾生數目廣大有如虛空，皆曾為我們的父母。他們仍於輪迴中受苦，所以，希望他們解脫此苦的心，便是菩提心。《菩薩戒》中說：「**盡輪迴未空，誓欲利益昔皆為父母的無邊有情。**」是故，自世俗觀點而言，的確有眾生可度，亦有悲心可以生起，並且有「我」—— 悲心的生起者。而佛陀亦曾親自宣說如何生起及展示悲心之道。這是世俗菩提心。

因此，在世俗菩提心的修持中，生起菩提心，即觀想一切眾生使他們能離苦而得證悟，並念誦生起菩提心修持〔的咒文〕，次數越多越好，視修持須要而定。其中，行者還須將自己的快樂來交換別人的痛苦：當你呼氣時，觀想將自身的喜悅、快樂、功德和上述三者的因緣，全部布施給有情；當你吸氣時，則觀想收進他們的痛苦，使他們能離苦得樂。這亦是一個很重要的修持，因為若不發菩提心，又不能使自己脫離對此生的貪著，我們便不能證悟。而無法解脫的原因，便是因為我們做不到對他人生起悲心，和我們對自我及此生的執著。這些都是世俗菩提心的修持。

關於勝義菩提心方面，佛曾對善現（即須菩提）說：「**一切有為法，如夢幻泡影。**」佛陀這樣說，是因為任何顯現皆歸於「異」（變化）及「滅」（消滅／死亡），無有一法是內在堅固或永恆長久的。我們執世界為堅固，以妄念繩繫縛之，再以貪欲作為牽引，由是捲入永無休止的業力中。這就是輪迴之所以無盡的原因。我們可能以為輪迴既然如夢，也許證悟應該是堅實和永恆了；但佛陀曾說過甚至涅槃本身亦如夢幻。實際上並無一法可名之為「涅槃」，所謂「涅槃」亦只是無相而已。

佛陀曾直接地說：「色即是空」。譬如水中之月，實際上水中並無月，而且永遠亦不會有。沒有「色」，只有「空」。佛陀跟著說：「空即是色」。空性本身以「色」的形式呈現。你不能於「色」外尋得空性；亦不能將二者加以分別，或執之為各別一法。月映照於水中，但水不是月，而月亦不是水；然而，你也不能將水與月分隔。當你跳出輪迴，或超越輪迴時，並無「涅槃」存在；在涅槃界中，亦無輪迴。

你可能會說：「但是，它的確存在啊！人們都看得見它！」然而，當你細心觀察，它實際上並不存在。好了，若你跟著問它究竟是從何而來的呢？事實上，一切事物（法）都是依緣起而生。「緣起」究竟是甚麼呢？月和水都不是獨立存在的，而月影映於水中，是因為種種條件（諸緣）聚集（和合）而成。水是基本主因（因緣），而月則是輔因（增上緣）。當二者相遇時，緣起呈現。此為因緣及增上緣同時顯現所致。

直接地說，輪迴的因緣或基礎就是「我執」。繼而所有如幻的展現便成為增上緣。當眾緣和合時，即有輪迴三界的顯現。一切事物（法）都只是依於緣生的模式而存在。我們必須明白這一點。龍樹曾說：「除緣起外，別無他法。」當進一步研究緣起的本質（自性）時，你會發覺它無非只是空性。因此，除空性外，別無他法可言。大乘的勝義見地即為空性；此觀點並不存在於層次較低的教法中。

你若仔細觀察，便逐漸會發覺一切法都是空性所變現。當窮究一切法的本質，最後都是歸之於空性。但你跟著可能會說：「既然如此，我們便不須要任何事物了。」然而，究竟你是否真的需要任何事物，便須問你自己，因這全依賴你的心意而定。只是口頭上說空性仍有不足，一定先要證悟空性然後去體會它。若心是真空，便不會有希求、怖畏、喜悅、痛苦和消極；不一定非要吃飯或穿衣不可，因你的心已從這裡解脫，有如手掌在空中揮舞，全無障礙。觀想的目的，就是住於空性的自然境界中，然後，在此境界中，所有外在的現象全被直接體悟（現證）為空性。此即修習止觀的原因 —— 將一切法清淨至其空性的本質，趨入空性的根本。首先應了悟事物勝義和自然的境界為「空」，進而了悟空性如何以世俗的方式顯現。

從空性中生起輪迴〔界〕的一切世俗顯現。一定要徹底明白它們的實相和顯現究竟是如何。具此見地實在非常重要，否則行者的止觀將會沉滯。只是枯坐而說「一切皆空」，有如將一隻小杯倒置，杯中的微小空間無非只是狹窄而局限的虛空。必須知道事物的如實要義 —— 從勝義諦而言，並無有情在受苦，無輪迴，亦無煩惱，如是一切都好比明淨的虛空；但以緣起和虛幻，遂有世俗層次的事物呈現，亦有在輪迴中受苦的眾生。

廣大的如母空性讚頌是這樣說：「**雖欲表達離戲智，但亦無法以言詮。**」〔空性〕是完全離開言詮、思維和概念（戲論）的，它無生亦無滅。若問它像甚麼，則如虛空。虛空的邊際永不可得，因此「有如晴空」的本質即為空性的象徵 —— 廣大、無邊、自在和深闊無量。

你跟著可能會說：「所以行者自身的根本覺 —— 即心性 —— 有如虛空，遠離一切範限了。」但是，它不只是空性。若用心觀察，實在是有物可「見」——「見」只是權宜安立的一個名詞，作為溝通之用而已。你能夠「見」到〔它〕，亦可觀照〔它〕和安住於〔它〕。若能如實地見到空性，實際上即見諸佛之母。以上所說，全部都是勝義菩提心的闡釋。

之後為金剛薩埵除障法。從勝義而言，根本就沒有「所淨」〔的障〕、「能淨」〔的人〕和「淨化」〔的行為〕。但因我們不能任運，所以罪障和煩惱便生起。在「我執」的幻見中，我們皆受無盡的苦楚，因此須要除障，以此作為世俗善巧方便的修習。為除障故，金剛薩埵從我們的根本覺中生起，而他所流出的甘露能完全地清除我們的罪障。作如是觀想和念百字明，最後金剛薩埵化光融入，與你無二無別。究竟趨入根本覺地。在此境界中，沒有須要清淨的罪障，亦沒有能除障的金剛薩埵，和屬於除障方便的百字明。在事物的自性境界中，或如來境界中，自無始以來一切法都是清淨有如虛空。此為勝義的金剛薩埵除障。

現在談以積集資糧為目的之獻曼達。為甚麼我們須要積集資糧，以作為智慧之因呢？原因在於執着虛幻現象所生起的一切。既有幻象，即有清淨幻象的方法；而行者既能清淨，亦即有積集資糧的方法。當你以「我自身、受用資具和榮耀」獻供時，此為世俗表義的獻曼達。從勝義的觀點而言，這些事物均非實有，正如無雲晴空。因此，若住於本始覺性的境界中，此為勝義的獻曼達和勝義的積資糧。

甚至在上師瑜伽中，基於緣起之故心識受到污染，因此上師便以激發清淨心靈的角色而顯現。他是令行者能緣清淨的對象。因心識受污染，復因行者對上師生清淨見，所以上師和虔敬的行者，皆存在於世俗界中。是故，外義上你觀想上師，向他祈禱，然後接受他的灌頂和加持。這些都是上師瑜伽的外義和世俗修習。到目前為止，你只是向外在表義的上師祈禱。跟着說：「上師化光與我無二無別相融。」

「看！明空不二即是上師的本來面目。」若問勝義上師究竟在何處？即在心的勝義自性中。根本覺的勝義境界，即為上師的圓滿成就。只要持續住於本來如是的覺性中，即為上師瑜伽的勝義修習。

此為外前行與內前行的關聯。

ཨ

漢譯者注：敦珠法王的藏語開示，當時有英語翻譯，本文即據翻譯記錄而譯。

༄༅། །གསང་འདྲིད་བཀའ་རྒྱ་མ་ལས་སྨོན་ལམ་མཁོ་ལ་ཧ་སྤྲུང་བཞི།

ཨོཾ༔ ཨཱཿ༔ དུས་གསུམ་སངས་རྒྱས་ཐམས་ཅད་ཀུན༔
གཅིག་སྐུ་མེད་པའི་དབྱིངས་ཆེན་པོ༔
སེམས་ཅན་ཆོས་ཉིད་ཆེན་པོ་རུ༔
མ་བཅོས་ཡེ་གྲོལ་རིག་པའི་མཁར༔
ཀུན་ཏུ་བཟང་པོ་སྔར་སངས་རྒྱས༔
རང་ཞལ་མཇལ་ཕྱིར་ཕྱག་འཚལ་ལོ༔
དེང་ནས་མི་འབྲལ་དམ་བཅའ་འོ༔
མཉམ་ཉིད་དགོངས་པས་དབྱིངས་སུ་སྒྲོལ༔

ཧོ༔ བདེ་གཤེགས་སྙིང་པོར་སངས་རྒྱས་ཤིང༔
དགོངས་པ་ཀློང་ཆེན་ཡངས་པའི་མཁར༔
ཤེས་རབ་ཡེ་ཤེས་འཕྲོ་བའི་མཐུ༔
སྨོན་ལམ་དག་པའི་དབང་པོར་རོལ༔
གདོད་མའི་གཞི་དབྱིངས་ཆོས་ཀྱི་སྐུ༔
སངས་རྒྱས་ཀུན་ལས་སྔར་སངས་རྒྱས༔
ཡོན་ཏན་བཟང་པོས་བཅོས་སུ་མེད༔
སྐྱོན་དང་དྲི་མས་བསྒྱུར་དུ་མེད༔
སྤྲོས་མཐའ་གྲོལ་བའི་དབྱིངས་ཆེན་པོ༔
ཇི་ལྟ་བ་བཞིན་རྟོགས་པར་ཤོག༔
བཟང་ལ་ཁྱབ་བརྒྱུགས་མཐའ་ཀུན་ལས་སྟོང༔
མཚན་མ་ཅིག་དང་བྲལ་བའི་ཀློང༔
བྲལ་ཐེ་བ་མེད་པའི་གདེང་ཆེན་པས༔
ཇི་ལྟ་བ་བཞིན་རྟོགས་པར་ཤོག༔

# 甚深秘密教授祈禱讚頌

摧魔洲尊者[1] 造

嗡也

三時一切諸佛陀　勝義虛空無分別
諸法法爾之自性　無作任運虛空覺
本初普賢王如來　我向頂禮證自性
今作誓句永不違　認知如是得解脫

呵

大展現之大虛空　即佛智心善逝性
由證悟力起智慧　我發具力清淨願

本初虛空即法身　諸佛陀中本初佛
於其功德無所增　於其垢染無所減
此大虛空離戲論　我證自性即如是

遍滿離邊且離限　展現離相離標誌
具信無捨無所得　我證自性即如是

1 摧魔洲（bDud 'joms gling pa, 1835-1904）為近代巖傳大導師，即敦珠法王之前生。按「敦珠」（bDud 'joms）之意即為「摧魔」，故敦珠法王亦稱為「摧魔二世」。

འཁོར་འདས་དག་མ་ཧ་མཆོག་གི་སྐུ༔
ལྷུན་གྲུབ་རོལ་པ་ལོངས་སྤྱོད་རྫོགས༔
རང་གྲོལ་རྟོགས་པ་སྤྲུལ་པའི་སྐུ༔
ཇི་ལྟ་བ་བཞིན་རྟོགས་པར་ཤོག༔
སངས་རྒྱས་མེད་ལ་སེམས་ཅན་མེད༔
རྒྱུ་མེད་རྐྱེན་མེད་འབྲས་བུ་མེད༔
ལམ་མེད་དར་སློབ་པའི་ཡེ་ཤེས་མེད༔
ཇི་ལྟ་བ་བཞིན་རྟོགས་པར་ཤོག༔
ཡེ་ནས་སྐྱོན་དང་དྲི་མ་སངས༔
གཉིད་གསལ་མཁྱེན་གཟིགས་ཡེ་ཤེས་རྒྱས༔
དུས་གསུམ་ཐོག་མཐར་བྲལ་བའི་དབྱིངས༔
ཇི་ལྟ་བ་བཞིན་རྟོགས་པར་ཤོག༔
དེ་ལྟར་མ་བཅོལ་རྫོགས་ལྡན་གྱི༔
ཆོས་སྐུ་རི་ཞལ་པ་རས་བསྒྲུབ་པའི་ཐབ༔
ཤུལ་མེད་ཆེན་པོར་གཉན་དགའ་ནས༔
ཡང་དག་ལམ་དུ་རྐྱུད་པར་ཤོག༔
མ་སྐྱེས་མ་བྱུང་ཤེས་རབ་ཆེ༔
མ་རིག་སྒྲིབ་བག་ཡོག་དང་བྲལ་བ་ནས༔
དེ་བཞིན་ཉིད་ཀྱི་གནས་ལུགས་མཆེ༔
ཇི་ལྟ་བ་བཞིན་རྟོགས་པར་ཤོག༔
ཤེས་རབ་ཆེན་པོའི་མཐུ་བྱིན་གྱིས༔
གོལ་ཤོར་ནོར་སའི་གེགས་བསྒྲལ་ནས༔
འབད་རྩོལ་མེད་པ་གདོད་མའི་ངང༔
ཡང་དག་ལམ་དུ་རྐྱུད་པར་ཤོག༔

清淨法身輪湼性　圓滿報身法爾現
化身圓成自解脫　我證自性即如是

既無佛亦無有情　不落因緣不落果
無修亦無智可得　我證自性即如是

無始清淨離垢染　於證境中光明現
虛空超三時終始　我證自性即如是

法身之相自圓滿　無求且無習氣障
本來清淨離能所　我由此入圓滿道

無上智無生與起　離諸垢離無明障
自性本來即若此　我證自性即如是

以大智慧具力願　解脫謬誤所作障
此即無作本來相　我由此入圓滿道

བཅོས་བསྒྱུར་སྒྱུང་བགྲོད་མེད་པ་ཡིས༔
ལམ་གྱི་ལམ་མཆོག་ཡང་དག་ལམ༔
ཇི་སྙེད་གཟིགས་པའི་ཡེ་ཤེས་ཀྱིས༔
ཇི་ལྟ་བ་བཞིན་མཐོང་ནས་ཀྱང༔
གདོད་མའི་དབྱིངས་སུ་བཀྲོལ་བར་ཤོག༔
བལྟས་པས་ཡང་དག་དོན་མི་མཐོང༔
མ་བལྟས་བཞག་པས་རང་ཞལ་མཇལ༔
མི་བལྟ་ལྟ་བ་ཟབ་མོའི་གནད༔
ཡང་དག་ལམ་དུ་རྒྱུད་པར་ཤོག༔
བསྒོམ་པས་ཆོས་ཀྱི་སྐུ་མི་འགྲུབ༔
མ་བསྒོམ་བཞག་པས་ཆོས་སྐུར་གྲོལ༔
མི་བསྒོམ་སྒོམ་པ་ཟབ་མོའི་གནད༔
ཡང་དག་ལམ་དུ་རྒྱུད་པར་ཤོག༔
སྤྱོད་པས་བྱ་བྲལ་ལས་མི་འགྲུབ༔
མ་སྤྱོད་རང་བབ་དོན་ཆེན་འགྲུབ༔
མི་སྤྱོད་སྤྱོད་པ་ཆེན་པོའི་གནད༔
ཡང་དག་ལམ་དུ་རྒྱུད་པར་ཤོག༔
ཤེས་རབ་ཡེ་ཤེས་ཆེན་པོའི་སྐྱུན༔
བཀག་རྟུལ་རབ་རིབ་དང་བྲལ་ནས༔
ཆོས་ཉིད་མངོན་སུམ་མཐོང་ནས་ཀྱང༔
རྣམ་སྨིན་རིག་འཛིན་ཉེར་ཐོབ་ཤོག༔
ཆོས་ཀུན་སྒྱུ་མའི་དཔེ་བཅུ་ལྟར༔
དེ་ས་འཛིན་མེད་དབར་དག་སྣང་གི༔
ཉམས་ཀྱི་སྣང་བ་གོང་འཕེལ་ནས༔
ཚེ་དབང་རིག་འཛིན་ཉེར་ཐོབ་ཤོག༔

離整離修離精進　斯為圓滿無上道
證境所見即所證　由是而入根本空

觀察即非圓滿見　離觀察即見自性
甚深道中無觀察　我由此入圓滿道

法身不由定境證　離定任運證法身
甚深道中無定境　我由此入圓滿道

作於作外無圓成　離作而證法爾義
甚深道中無作業　我由此入圓滿道

大證悟者智慧眼　離諸習氣塵和霧
願我真實證實相　達至成熟持明位

諸法虛幻如十喻[2]　離諸妄執而清淨
願我證境得生起　此生即證持明位

[2] 如幻、如燄、如水中月、如虛空、如谷響、如乾闥婆城、如夢、如影、如鏡中像、如化。如是十喻，示諸法空相。

རྒྱུ་དང་རྐྱེན་ལ་མི་ལྟོས་པར༔
རང་གྲོལ་རང་དུ་བང་མངོན་ཐོབ་པས༔
གཞིར་གནས་རིག་པ་ཚད་ཕེབས་ནས༔
ཕྱག་རྒྱའི་རིག་འཛིན་ཉེར་ཐོབ་ཤོག༔
ཆོས་ཅན་སྣང་བའི་གཟུག་འཛིན་ཆོས༔
ཆོས་ཉིད་བློ་འདས་ཆེན་པོ་རུ༔
ཟད་ནས་གདིང་ཐོབ་བཙན་ས་ཟིན༔
ལྷུན་གྲུབ་རིག་འཛིན་ཉེར་ཐོབ་ཤོག༔
ཁམས་གསུམ་འཁོར་བའི་སེམས་སྣང་ཀུན༔
སྐྱིལ་མར་དབྱིངས་སུ་སུས་དཔ་སྦྱར༔
གདོད་མའི་ནང་དབྱིངས་ཆེན་པོར་ཞིག༔
གཞོན་ནུ་བུམ་སྐུར་བྱང་ཆུབ་ཤོག༔

不落於因不落緣　得真實身自解脱
願臻覺位之頂峰　達大手印持明位

妄心所具能所法　離智融於實相中
持具信心無敵位　得法爾圓滿持明

輪迴三界世俗見　於勝義中如夢覺
融於本初內自空　覺於青春童瓶寶[3]

3　謂童瓶身寶，如蓮師所現十六歲青春相。

༄༅། །སྐྱེ་བ་བརྙེས་ཀ་འབྲོག་བན་ལོ་ཙཱའི་སྒྲུ་ཡི་གར།
།ཁྱེངས་སྒྲུབ་བདེ་ཆེན་མཚོ་རྒྱལ་གསུང་གི་རོལ།
།རྒྱལ་དབང་པདྨའི་ཐུགས་ཀྱི་སྤྲུལ་རྒྱུ་རྩལ་ཆེ།
།འཇིགས་བྲལ་ཡེ་ཤེས་རྡོ་རྗེར་གསོལ་བ་འདེབས།
།མགོན་ཁྱེད་འཁོར་བ་ཇི་སྲིད་གཞན་དོན་དུ།
།གང་འདུལ་སྤྲུལ་པའི་ཕྲིན་ལས་སྣ་ཚོགས་དབྱེར།
།བདག་ཀུན་དེ་སྐྱེ་དཔལ་འཁོར་ཀྱི་ཐོག་མ་རུ།
།སྐྱེས་ནས་གསང་བ་འཛིན་པའི་མཐུ་ཐོབ་ཤོག །

ཅེས་པའང་དྭགས་སྐྱོང་རྡོ་རྗེ་འཆང་གི་གསོལ་དཔོན་གྱིས་བསྐུལ་ངོར་
འཇིགས་བྲལ་ཡེ་ཤེས་རྡོ་རྗེས་སོ།། །།

༄༅། །སྐྱབས་གནས་ཀུན་འདུས་ཀྱི་ངོ་བོ།
།མཁྱེན་བརྩེ་ཐུགས་རྗེ་ཡི་གཏེར་ཆེན།
།དྲན་པས་གདུང་སེལ་གྱི་ནོར་བུ།
།བཀའ་དྲིན་འཁོར་མཐའ་དང་བྲལ་བ།
།འཇིགས་བྲལ་ཡེ་ཤེས་ཀྱི་རྡོ་རྗེ།
།སྙིང་ནས་གསོལ་བ་ཞིག་འདེབས་ན།
།དགོངས་བརྒྱུད་བྱིན་རླབས་ཀྱི་དབང་བསྐུར།
།རྒྱལ་ཐབས་སྤྱི་བླུགས་སུ་སྐུལ་ནས།
།རྟོགས་སྒྲོལ་རྣམས་མཉམ་ཞིག་འབྱུང་བར།
།བླ་མས་བྱིན་གྱིས་རང་རློབས་ཤིག །
སྐུ་ཆམ་རྗེ་རིག་སྲུང་ཞྭ་མའི་རྣལ་འབྱོར་ནས་གསོལ་བ་དྲུ་ཕྱུང་བ་བྱིན་རླབས་ཅན་ནོ།། །།

# 敦珠法王上師瑜伽祈禱頌

身之顯現　成就卓僧童譯師[1]
語之光華　具福智慧海王后[2]
意之智慧　大力勝者蓮花生
我作頂禮　無畏智金剛上師

作我依怙　為利益諸有情故
化身事業　教化有情作弘佈
我願生生　作上師親近眷屬
是則能持　上師秘密事業力

無畏智金剛應金剛持幻化網顯現之請而作。

1 卓僧童大譯師（Lotswa 'brog-ban khyen chung佐賓車聰）為蓮花生大士二十五大弟子之一，能一瞥空中飛鳥即擒於掌中。乃敦珠法王第六世化身。

2 智慧海（Ye shes mtsho rgyal移喜措嘉），為藏王赤松德贊（Khri srong lde btsan）之王后，亦為蓮花生大士之大弟子，且為最親近蓮師之空行母。蓮師口述法要，多由其筆受巖藏。

༈ རང་སྐྱོན་ངོ་ཤེས་སྐྱབས་ཡུལ་རྗེས་དྲན་གྱི་གསོལ་འདེབས་
ཞེས་པ་ཤཱ་ཀ་སློབ་ཀུ་པ་མ་ཡང་དག་སྨྲ་བོར་
གསལ་བར་འདེབས་པ་ཡོད།

༄༅། །ན་མོ་གུ་རུ་ཤྲཱི།

བསྐལ་པ་བཟང་པོ་ཡི་འདྲེན་མཆོག་ཤཱཀྱའི་རྒྱལ།
།རྒྱལ་སྲས་བྱང་སེམས་ཉེ་བའི་སྲས་བརྒྱད་ འཕགས་པའི་ཚོགས།
།ཀྱེ་མ་ས་རྗེའི་རྗེ་ཆོས་བརྒྱུད་ས་ སེང་གུ་རྗེ།
།ཙ་ཀ་སྲུ་མཆོག་སྐྱོང་མ་ཙན་ཚོགས་ བཅས་ལ།
།རྩེ་གཅིག་སྙིང་ནས་དྲན་པའི་གདུང་ཤུགས་ ཀྱིས།
།ཡང་ཡང་བ་གསོལ་བ་རབ་འདེབས་ཕྱག་ཐུགས་ཟུང་མ་བསྐྱུར་ ལགས་སོ།
།ཁྱེ་ནས་རྗེས་བཟུང་གྲོགས་སུ་མེད་སྤྲུགས་ རྗེའི་ཐུགས།
།ཁམས་མདོན་ཆོས་བཞིན་འགྲུབ་པར་བྱིན་ ཀྱིས་རློབས།
།ཕྱོགས་ཁམས་མ་ཁྱབ་ན་མི་ལུས་པའི་ཆེན་པོས།
།བསོད་ནམས་ལས་མཆུང་དམ་པའི་ཆོས་དང་མཇལ།
།བླ་མས་རྗེས་བཟུང་དང་དབང་ཁྲིད་གདམས་ངག་ཐོབ།
།ཞོར་ ཕྱུང་རང་ལ་གཉེན་པའི་རྒྱུ་མཚུང་ཡང་།
།ཚོལ་ཆུ་སྐྱེའུ་ འདྲ་བ་ནི་རང་སེམས་པ་ནི།
།རྣམ་གཡེང་བསླུ་བྲིད་འགོང་པོའི་དབང་སོང་ནས།
།རང་ཞོར་ངར་བདག་ཉམས་ལེན་མཇུག་ཏེ།
།ད་ལར་བརྩོན་གདམས་ངག་ཆབ་གཅིག་རྒྱུད་གྲོལ་ཤོག།

# 自知己過・隨念皈依境・
# 悔過發清淨願知所取捨之祈禱

頂禮上師
勝利釋尊　　賢劫中普施無上教化
傳承勝利　　菩薩眾結集教導有情
殊勝上師　　於末法作有情勝依怙
與三根本　　共具誓者及護法諸聖

由心深處　　憶懷聖眾赤誠獻供養
再三祝禱　　諸聖者伏祈垂注青眼
護庇我等　　以悲憫力及以大悲心
加持我等　　能滿願一向皈依聖法

以宿業故　　雖卑微尚得人身暇滿
以功德故　　雖渺小尚得逢正教法
蒙上師恩　　賜灌頂賜加持賜心要
如斯恩澤　　即珍寶我今已擎掌上
然而我心　　卻依舊似猿猴輕浮相
攀緣垢障　　攀緣欲樂復攀緣虛妄
無奈我等　　總無能利用已得資糧
是故灌頂　　及解脫法門都成虛擲

།དཀྱར་དོན་ཆེན་རབ་གཤག་ལ་ཕྱུག་ཉེ་རྒྱུས།

།ཞུས་མཆོད་ཕྱོགས་ཚོགས་ཟབ་ནར་བོ་དེ་སྤྲུང་གཏམ་རབ།

།ལུས་ཁར་དེ་ཚོས་གཟུག་ས་ཆོས་པ་ཡིན་རྣོམ་ཡང་།

།སེམས་ཁ་དེ་སྦས་ཡང་དག་ཆོས་པའི་རྗེས་མཐེན།

།ལྷ་ཆོས་སྐྱ་ཚེ་མི་ཆོས་རྡེ་སམ་གོས།

།མི་ཆོས་གཙང་མ་བཅུ་དྲུག་གོ་ཡུལ་ཚམ།

།རང་སྐྱོས་སྤྲོད་དང་བསྒྱུར་དཔལ་ཚོར་བྲལ།

།གཞན་སྐྱོན་ཟིལ་ཡབ་ཀྱང་ཡི་བྲག་བྲ་བའི་མཐུག།

།ལྷ་ཆོས་དགེ་བཅུ་ཡང་དག་རྩོམ་ཕྱོགས།

།སྐྱོན་པ་གཅིག་གིས་བསྟན་པ་ཕྱོགས་ཞེན་གྱིས།

།ཆོས་དང་དམ་པར་སྒྲུར་བ་དེ་བཞག་པས་ངན་ལས་གཤེགས།

།ཆོས་ལ་བརྟེན་ནས་སྒྲིག་པའི་ཁྲུར་ཆེན་སྤྲེ་བ།

།ཕོས་པ་ཆེ་བཞིན་རང་མཐོང་རྒྱལ་ཆེ།

།བསམ་པ་སད་ཕྱར་དོན་གོ་བའི་གཏེར་མར་རྟོགས།

།ལོ་བྲར་ཅུ་ལ་ཁྲིམས་སྲུང་བར་རྣོམ་ནའང་།

།དགེ་སྦྱོང་ཆོས་པ་ཞིག་ར་སོད་ཆས་མེད་སྐྱོར།

我等於今　正身處熱鍋底邊緣上
凡我所求　或我所得一一成過往
雖則我身　具法相卻於身外求法
於我心中　現行不起法義之真實
於人身寶　點滴不知即棄置佛法
模糊而認　十六種人世清淨德業[1]
卻欠良知　於其自省自身惡行時
於諸慚愧　恐懼小於無尾鼠之尾

實不能解　佛法所言十種功德行[2]
執宗派見　教法雖從唯一導師來
誹謗教法　誹謗聖者由是作惡業
以此之故　雖依佛法卻積罪如山

聞法漸多　由是我心即生大我慢
而我心識　卻未浸沈法義甚深處

雖自以為　已守戒行如別解脫戒[3]
行者四法[4]　卻已失滅更無有蹤影

1　即指「十六惡律儀」，戒如下十六種惡：1・為利養而飼羊羔，肥而轉賣；2・為利養買羊屠殺；3・為利養而飼豬豚，肥而轉賣；4・為利養買豬屠殺；5・為利養而飼牛犢，肥而轉賣；6・為利養買牛屠殺；7・為利養而養雞，肥而轉賣；8・為利養買雞屠殺；9・釣魚；10・獵人；11・劫奪；12・魁膾（切肉師）；13・網捕飛鳥；14・兩舌（藉離間以取利）；15・獄卒；16・咒龍（咒蛇表演以取利）。如是十六種職業，皆視為非清淨。

2　十種功德：1・入智功德；2・起通功德；3・大無量功德；4・十利益成就功德；5・五事報果成就功德；6・心自在功德；7・修習對治功德；8・對治成就功德；9・修習正道功德；10・正道成就功德。詳見《大般涅槃經・光明遍照高貴德王菩薩品》。

3　別解脫戒（pratimoksa-samvara），於諸煩惱而得解脫，名別解脫。於身口七支之諸惡，一一分別棄捨。居士所守，則為殺、盜、淫、妄（妄語）、酒五戒。

4　即沙門四法：他罵不還罵；他怒不還怒；他打不還打；尋過不還報。

།བྱང་སེམས་བསླབ་པའི་རླབས་ཆེན་བར་རློམ་ན་ཡང་།
།ཚད་མེད་རྣམ་བཞི་རི་མོ་རི་མ་ར་མེད་འདྲ།
།གསང་སྔགས་གསང་དམ་མཆོག་བསྒྲུབ་བར་རློམ་ན་ཡང་།
།ཀུ་ལྷུ་དང་དཔོན་རྗེ་མེད་ཐུན་ཚུང་ཤོར།
།གྲོ་སྡོམ་རྣམ་བཞི་བ་ནས་པ་ཀ་ད་ཤེས་ཀྱང་།
།དོན་ལ་སྒྲིག་མིན་འདི་ར་སྐྱུར་བཞེན་པས་སྐྱོན།
།བླ་མ་བསྟེན་བཞིན་མོས་གུས་རེ་མ་ཤེས་ཐེ།
།དག་སྣང་ཚབས་སུ་མ་ཉམ་འགྲོགས་པ་ལོག་པར་མཐོང་།
།རྡོ་རྗེ་སྤུན་ལ་བརྩེ་བ་དུང་བཀུར་སེམས་ཞན།
།ཚིག་རྩུབ་ཙམ་ཡང་མི་བཟོད་དམོད་ཆར་འབབས།
།འགྲོ་དྲུག་ཕ་མར་ཤེས་པའི་བྱམས་སྙིང་རྗེ།
།བྱང་སེམས་གཏིང་ནས་མ་འབྱོངས་ཀ་བུབ་བཞིན།
།བསྐྱེད་རྫོགས་ལམ་ལ་ཉམས་ལེན་བྱ་གསུམ་པ་ཀྱང་།
།ཐ་མལ་འཁྲུལ་འབྱམས་འདི་ལ་སླགས་མཆེད།
།མདོ་ཕྱག་ས་ཚོལ་ཕྱུག་སྤྱོད་ཉིད་དོན་ཤེས་ཀྱང་།
།སྤྱོད་སོ་མཆོད་ར་དཀྲུད་ན་སྤྲ་རགོད།

雖自以為　已得菩薩珍貴調教法
四無量心[5]　卻僅微如掩映孤燈影

雖自以為　已持密咒乘秘密誓句
一失根本　即復無能再作餘守護

雖自以為　已明令心顛倒四意識[6]
卻難出離　眼前所見種種世法相

雖自以為　已依上師卻漸失恭敬
與師等視　謬見由是替代清淨見

金剛兄姊　無復加以愛心與尊重
稍受惡言　即便報之詛咒如亂雨

六道有情　視為父母由是起慈悲
如是念頭　不修菩提心便如霧散

雖自以為　已熟生起及圓滿次第
卻難轉易　調伏所遇世間諸煩惱

雖知空性　為顯密二乘勝義教法
不生定解　由是心識瀑流硬如角

5　四無量心：1．緣無量眾生，思維令彼得樂，為慈無量心；2．緣無量眾生，思維令彼離苦，為悲無量心；3．思維無量眾生，能令其離苦得樂，於內心深感喜悅，為喜無量心；4．思維無量眾生一切平等，無有怨親之別，為捨無量心。

6　四意識：唯識宗將第六意識分為四種。1．明了意識，此意識與前五識（眼耳鼻舌身）俱起，能了知外境；2．定中意識；3．獨散意識；4．夢中意識。後三種不與五識俱起，故又統稱為獨頭意識。

།གནས་ལུགས་སྨོས་ཀྱི་རང་རྩུགས་མ་ཟིན་པར།

།གཏེར་ལྟ་བས་རྒྱུ་འབྲས་ཧྲུང་ལ་བསྐུར།

།ཕྱི་ལྟར་རྩུལ་པ་ཆོས་སྤྱོད་ལམ་བཟང་ན་ཡང་།

།ནང་དུ་ཆགས་སྡེད་པ་དོད་ཧམས་མི་ལྟར་འབར།

།ལུགས་འདི་དང་བེན་པའི་རེ་ལ་གནས་སུ་ལ་ཀྱང་།

།སེམས་པ་དེས་ཉིན་མཚན་བར་མེད་གྲོང་ཡུལ་འགྲིམས།

།རང་མགོ་ཐོན་པའི་གདེང་ཚད་མ་ཡོངས་པ་བཞིན།

།གཞན་མགོ་འདོན་པའི་བསམ་མགྱོགས་ཐོས་པ་འཁྱུད།

།དཀོན་མཆོག་ཐུགས་རྗེས་བསླུ་བ་མི་སྲིད་ཀྱང་།

།མོས་གུས་ཞན་པས་རང་གིས་རང་བསླུས་དོགས།

།འདི་ལྟར་དམ་པའི་ཆོས་དང་བླ་མ་ལ།

།ཡིད་མཆེས་པའི་ལོག་ལྟ་མེད་མོད་ཀྱང་།

།དུས་ངན་སེམས་ཅན་ཡས་ངན་པ་བསམ་གང་།

།གོ་བཞིན་ཤེས་བཞིན་བག་མེད་དབང་དུ་ཤོར།

།ངན་ཤེས་ཕྱིར་རས་མ་ཐོང་སྐྱོང་ཆེན་བརྟག།

།ཀ་ལྟར་རང་བསྒོམས་རང་ལ་དབང་ཉིན་མོ།

།ཕྱི་ཚད་ཐམས་ཅད་འཁྲུལ་པའི་བསྟོན་སོང་།

།ནང་ཚད་ཐམས་ཅད་ཉོན་མོངས་འཛིན་པ་རུ་སོང་།

།དགེ་བ་བརྩེགས་པ་ལམ་བསླད་མེད་མཐོང་ངས།

།མཐར་ཐུག་འགྲོས་ངན་སོང་ལས་གཞན་ཆེ།

།དེ་ལྟར་རང་གི་སྤྱོད་ཚུལ་ཡ་ཟུ་བཞག་ཉམས།

།ད་ནས་རང་གིས་རང་ལ་ཡི་ཆད་ཅིང་།

雖則未能　於根本自性中真實住
嘴皮修習　如是因果便揚於風裡

其外行相　嚴持戒律且勤修善業
其內行相　貪欲渴求實熾燃火熱

雖則其身　退居於山林隱密處所
無奈其心　實日夜念念皆遊城市

其於自身　證量及修持尚無自信
卻作教導　若謂能成就自同虛話

三寶慈悲　豈可謂對我等作欺誑
敬奉不足　故生懊恨且欺誑自己

以是之故　我等對上師及對正法
雖則未曾　因具信不足而生謬見

唯於末世　有情慣錯謬且無厭足
以是之故　諸壞力遂令知見沈淪

既無內省　亦無滿足是生大錯失
於今末法　對我等即為重大考察

我等所行　種種皆無非增添惑亂
我等所思　種種皆無非心境折磨

若不知此　則我等功德必染罪障
於其究極　是必淪落於三惡道上

對我所行　對我等所作之種種業
如今反省　我等必因之生大沮喪

།གཞན་པ་བརྟུལ་ཞུགས་ཀྱང་ཡི་ཐུག་པ་བསྐོར་བ་ཡིས།
།ཕན་གྲོགས་སྒྲོམ་པ་བམ་པ་བན་སུམ་བྲུད།
།དབེར་རང་མགོན་རང་གིས་མཐའ་རྟོན་ནན།
།ཀཱ་ཤི་ཀ་ཧེ་རི་ཡོ་ཏི་ལག་ཕྱུང་རྒྱུད་ཟིན་ནུག།
།གཞན་པ་བསུས་ཀྱང་སྐྱོབ་པའི་རེ་བ་ཟད།
།རེ་སྟོང་བསྐྲུག་བས་བཀྲུས་བ་མཆོར་རམ།
།དེས་ན་རང་སྒྲོན་དོས་ཟིན་གཞོང་རབ་ཤི་རྒྱུས།
།ཆོས་ཀ་རག་པ་ཉེས་སྤྲུད་ཉམས་ཚ་གཙེ་མཆིས་པ།
།མི་འཆབ་མི་སྦྱེད་པའི་ཤེས་སྨྲུན་སྔོན་རྟུག།
།སྙིང་ནས་བཤགས་སྐོ་བརྩེ་བས་བཟོད་བཞེས་པ།
།ལམ་ཡོག་གཡང་ས་རེ་ར་ཧིག་ས་པས་བསྐུ་བན་ཀྱང་།
།ཡང་དག་ཐར་ལམ་ཟིན་པ་ར་དབུགས་དབྱུང་ངོ་ལོ།
།བྲུས་བྲུས་བསྐྱུ་བ་བསྐྱུ་བ་མི་ཆེ་བསྐྱུ་ལན་ཡད།
།དོན་སྙིང་ལག་ཕུ་ཡོན་པ་གཅིག་མ་བྲུད།
།དབེ་ཀུན་ཤེས་གཅིག་ཐུག་པ་མཐོར་ནས།
།གཅིག་ཤེས་ཀུན་གྲོལ་པ་མ་ཡ་ཚིས་མི་རྟུག
།མི་བསྐྱུ་ཏེས་པའི་རེ་ཧྲོས་གཅིག་ཆོག་མ་གོན།
།རྩ་པའི་སྨ་མ་སྐྱུ་བས་གནས་ཀུན་འརྟུག་པ།
།རྩེ་གཅིག་ཤུས་བསམ་གསོལ་བ་འདེབས་པ་གསན།
།ཐུགས་རྗེས་གཟིགས་ཤིག་སྐྱབས་མཆོག་དྲིན་ཅན་རྗེ།

求諸他人　徒然令我等心生悲痛
實無良友　足能紓解我心內憂傷

是故於今　若自己未能照料自己
死使至時　我等唯有束手而就逮

於此時際　無人能救希望亦成空
絕望等待　此豈非自己欺誑自己

由是懊恨　應懺悔所作種種過失
越戒破誓　及令所知法要生退墮

具慧眼者　我於尊前不復作覆藏
至心發露　伏祈諸尊慈悲宥赦我

護佑我等　於謬道邊巉巖怖畏處
喚醒我等　令能隨行殊勝解脫道

我等終身　忙於此事復欲成彼事
依然空手　即一微塵實亦無所得

我願揚棄　廣知世法而實唯苦受
何不入道　知一法而萬法自解脫

唯一依怙　殊勝不敗真實護持者
根本上師　及皈依境內遍集聖眾
向之祈禱　且我一心供養作陳請
慈悲顧我　種種殊勝無上正護持

།རང་སྣང་རང་གིས་མཐོང་བར་བྱིན་གྱིས་རློབས།

།གཞན་སྣང་བཀྲ་ངོར་དམ་མེད་པར་བྱིན་གྱིས་རློབས།

།ཐམས་ངན་གདུག་རྩུབ་ཞི་བར་བྱིན་གྱིས་རློབས།

།ཐམས་བཟང་པོ་ངོས་ནས་ཁ་ཆར་བར་བྱིན་གྱིས་རློབས།

།འདོད་རྒུར་ཚོགས་ལེགས་ལྡན་པར་བྱིན་གྱིས་རློབས།

།ནམ་མཁའ་ཆེ་ཆ་མེད་དྲན་པར་བྱིན་གྱིས་རློབས།

།འཆི་དུས་གློ་ཧྲག་མེད་པར་བྱིན་གྱིས་རློབས།

།ཚོགས་ལ་ཡིད་ཆེས་སྐྱེ་བར་བྱིན་གྱིས་རློབས།

།དགག་སྒྲུབ་ཐུགས་མེད་པ་མཐོང་ས་པར་བྱིན་གྱིས་རློབས།

།བཅོས་མིན་མོས་གུས་སྐྱེ་བར་བྱིན་གྱིས་རློབས།

།ཡོངས་མེད་ཞོ་སྒྲ་སྡུར་བར་བྱིན་གྱིས་རློབས།

།བློ་ཕུག་ཚོགས་ལ་གཏད་ནུས་བྱིན་གྱིས་རློབས།

།ཚོགས་ཕུག་སྒྲུབ་ལ་བརྩོན་འགྲུས་བྱིན་གྱིས་རློབས།

།སྒྲུབ་ཕུག་རང་རྒྱུད་གྲོལ་བར་བྱིན་གྱིས་རློབས།

།སྒྲུབ་པ་བར་ཆད་མེད་པར་བྱིན་གྱིས་རློབས།

།སྒྲུབ་འབྲས་མྱུར་དུ་སྨིན་པར་བྱིན་གྱིས་རློབས།

།འབྲེལ་ཚད་དོན་དང་ལྡན་པར་བྱིན་གྱིས་རློབས།

།རེ་རྟོག་ལས་གཉིས་འཛིན་ཞིག་པར་བྱིན་གྱིས་རློབས།

།གཉིས་མེད་ཡེ་ཤེས་མཐོང་བར་བྱིན་གྱིས་རློབས།

།ཡེ་ཤེས་རང་ངོ་ཤེས་པར་བྱིན་གྱིས་རློབས།

།རང་གྲོལ་བཙན་ས་ཟིན་པར་བྱིན་གྱིས་རློབས།

།རྩོལ་མེད་གདེང་ཆེན་ཐོབ་པར་བྱིན་གྱིས་རློབས།

令我自知自過失

令我不計他人錯

令我能平惱亂心

令我善念心底生

令我寡欲能知足

令我知死時無定

令我無懼臨死時

令我於法生堅信

令我修習得無偏

令我承事非造作

令我不為無益事

令我深心住正法

令我深法精勤修

令我解脫心瀑流

令我能除修習障

令我速熟修持果

令我於他能利樂

令我能離得失邊

令我得見無二智

令我見智見本面

令我住於我本處

令我無作得決定

།ཡེ་གནས་ཡེ་ཤེས་རྡོ་རྗེའི་མཚོན་ཆེན་གྱིས།
།འཁོར་འདས་སྣང་སྲོག་ཧྲུལ་གཅིག་བཅད་ནས་ཀྱང་།
།མ་བཀག་ཀ་དག་བདེ་ཆེན་སྙེམས་མའི་དགའ་ར་སྟོན་ལ།
།འདུ་འབྲལ་མེད་པར་སྤྱོད་པས་རྟག་ཅེ་ཤོག
།མཉམ་བརྡལ་ཀློང་ནས་ལྷུག་པ་ལྷུག་པ་མི་ངོ་ཚ་མེད།
།དེས་ན་བ་དེ་བ་ཚོལ་མ་བན་བུ་ཞིག་མཆིས།
།ཀ་དེ་ལྷུག་རོམ་ཉམ་མཁར་ཧོན་མེད་རང་གྲོལ་ཀྱི།
།ཀུན་བཟང་རྒྱལ་སྲིད་ཆོས་དེ་ཐོབ་པར་ཤོག །

དེ་ལྟར་གསོལ་འདེབས་ནོངས་བཤགས་སྨོན་ལམ་སྦྲེལ་མ་འདི་ཉིད་ཆུ་ཕག
སྨིན་ཟླའི་ཡར་ཚེས་ཀྱི་དགོང་མོར་རང་གི་ཐབས་གྲོགས་ཤེས་རབ་མ…
རིག་འཛིན་དབང་མོའི་སྨི་ལམ་དུ་རྒྱན་ལྡན་འགྲོགས་པའི་བུ་མོ་ཞིག…
ཡོད་པའི་ལྷུང་ནས། དཔྱིད་ཀྱིས་རིན་པོ་ཆེ་ལ་གསོལ་འདེབས་ཤིག…
འབྲི་རོགས་ཞུས་ཨ་ཟེར་ནས་སོང་བ་དང་། ཡང་དེ་རྗེས་སྨིན་ཟླའི་ཚེས…
བཅུའི་ནུབ་བུ་མོ་དེ་ལྷུང་ནས་ཁྱེད་ཀྱིས་དཀྲུང་ཡང་གསོལ་འདེབས་འབྲི…
རོགས་མ་ཞུས་པ་ཨེ་ཡིན་ཟེར་ནས་སོང་བ་སྐྱེས་འདུག་པ་ཕྱིར་ཉིན་འགྲོས་

無始來時　根本智金剛寶即具在

願剎那頃　切斷輪迴涅槃空幻法

於此不停　甯瑪派喜筵大加持中

無有聚散　時生喜悅受用常遊戲

平等展現　是故苦受之名亦不具

是則焉能　復堪尋覓何者名大樂

苦樂一味　由是執著便即是解脫

願我即生　能度至普賢如來剎土

## 造頌者跋

上來所造，為祈禱、悔過及祝願之綜合頌文。水豬年（譯按：即癸亥年，西元一九八三年）十月上弦夜，余之方便伴侶智慧持明自在母，忽夢一先曾入夢之女子謂之曰：「汝應請求法王撰一祈禱讚頌。」語畢離去。

後，同月初十日晚，此女子復出現告之曰：「祈禱讚頌之事須即請求矣。」語畢不見。

པ་བྱུང་བར། ངས་གསོལ་བ་འདེབས་མཁན་མེད་པས་ཤོལ་འདུག་པ་

མ་གཏོགས་གསོལ་འདེབས་འདོན་རྒྱུ་མེད་པས་ཤོལ་མི་འདུག་སྙམ་པས།

དམང་ཅུང་རྒྱས་བསྡུས་ལ་མཁྱེན་པའི་གསོལ་འདེབས་ཞུག་ཚོམ་ཞིག་

བྲིས་ཞེས་བསྐུལ་བ་བཞིན། དུས་སྐབས་འདིར་ནད་མུག་མཚོན་འབྲུགས་

ཀྱི་འཇིགས་པ་སྐྱོབ་པའི་ཐུགས་དམ་གནད་བསྐུལ་གྱི་གསོལ་འདེབས་

ཤིག་འབྲི་དགོས་པ་འདྲ་སྙམ་དུ་འབྲི་འདུན་ཡོན་འདི་དང་འགྲོ་འདུག་བྲེལ་བས་

གཡེང་སྟེ་རིམ་ལུས་སུ་ཤོར། ཡང་དེ་རྗེས་རྒྱལ་ཟླའི་ཚེས་བཅུའི་

ཐུབ་སུ་མོ་དེ་སྔར་བཞིན་བྱུང་ནས་ངས་ཞུས་པའི་གསོལ་འདེབས་དེ་ལྟར་

རྒྱང་དུ་མ་འཇོག །དགོས་པ་ཆེན་པོ་ཡོད། ཅེས་ཟེར་བསྐུལ་འདུག

པ་ལ་བརྟེན་དེའི་ཚེས་བཅོ་ལྔའི་ཉིན་འགོ་བརྩམས་ཏེ་འབྲི་བར་བསམ་

ནས་ཚེས་བཅུ་བཞིའི་དགོང་མོ་གུ་རུ་རིན་པོ་ཆེར་གསོལ་བརྟེ་གཅིག

ཕུལ་ཏེ་བཞག་ནས་བརྩམ་པ་དོན་དང་ལྡན་པར་བྱིན་གྱིས་བརླབ་ཏུ་གསོལ་

ཅེས་སྨོན་བཞིན་དུ་ཉལ་བ་ན། དེའི་ཐོ་རངས་སྐབས་སུ་རང་གི་རྨི་ལམ་

ལ་རྡེད་རང་ལྷ་ཁང་ལྟ་བུ་ཁང་པ་ཆེན་པོ་ཞིག་གི་ཕུག་ན་བསྡད་འདུག །

དེར་གང་ནས་བྱུང་ཆ་མེད་པར་མི་དཀར་ནག་གཞོན་གོས་དཀར་གྱོན་པ་སྐྲ་

ཟིལ་བུ་གྲོལ་བ་ཅན་ཞིག་གི་ལག་ཏུ་རོལ་མོ་ཤིན་ཏུ་སྙན་དང་ལྡན་པ་ཅན་

ཞིག་འཁྲོལ་བཞིན་དུ་གིང་འཆམས་དགར་བ་གཡས་འཁྱིལ་ལྟ་བུ་

ཞིག་འཁྲབ་བཞིན་སྒོའི་ནང་ནས་རྒྱུར་རྒྱུར་ཡོང་སྟེ།

次晨，余聞夢境，因曰：「今存世之祈禱頌文已多，而修者則少也。」余妻但請速造，不論頌體長短。余念當今之世多病患、饑荒、刀兵及戰亂恐懼，似亦須一祈禱頌文作救護也，因動造頌之念。然旋以忙於他事，遂置而未作。

及後，十一月初十日晚，彼女子再入余妻之夢，曰：「我請作祈禱頌文，非細事也，此實極有須要。」聞夢境已，余乃於是月十五日清晨構思。

次月十四日黃昏，余一心向上師甯波車（譯按，即蓮花生大士）祈禱，願得正意加持。

翌日黎明，余得一夢，坐於一如廟宇之大建築物旁，忽有一白人出現，年青，白衣、長髮飄飄，持鐃鈸柔和而鳴，右旋而舞，自門而出，漸舞而近，且作歌曰 ——

བསྟན་པ་འཇོག

ན་རང་གི་སེམས་ལ་ཚུགས། །སེམས་ཀྱི་གཏིང་ནས་སངས་རྒྱས་རྙེད་
ཡོང་ངོ་། །ཞིང་ཁམས་ཅུ་ལ་ན་ཐམ་ལ་འཁྲུལ་ཞེན་སྤྱོར། །རྣམ་དག
ཞིང་ཁམས་སྐྱིད་པོ་འགྲམ་ན་ཡོད། །བསྟན་པའི་སྙིང་པོ་སྒྲུབ་ལ
བརྩོན་འགྲུས་བསྐྱེད། །སྒྲུབ་པ་མ་ཐུབ་གྲུབ་པ་སུ་ཡིས་ཐོབ། །རང་སྐྱོན་
ངན་པ་རང་གིས་མཐོང་བར་དཀའ། །རང་སྐྱོན་ཕེར་འདོན་གདམས་པའི་
གདམ་ངག་ཅིག་ཡིན། །ནམ་ཞིག་སྐྱོན་གྱི་ཆ་རྣམས་སངས་རིམ་བཞིན།།
ཡོན་ཏན་ཆ་ཤས་འཕེལ་ཞིང་རྒྱས་པར་འགྱུར། །ཞེས་ཚིག
མཚམས་སུ་རོལ་མོ་ཕྱིར་གང་འཁྲོལ་བཞིན་པའི་རྗེས་ལ་ཤུགས་དྲག
པོས་རོལ་བརྡེག་ཐུབ་སོང་བའི་རྐྱེན་གྱིས་གཉིད་སད། སད་མ་ཐག་ཚིག
རྣམས་བརྗེད་མི་འདུག་ཅིང་བརྗོད་དོན་བླང་དོར་བསླབ་བྱའི་བཀའ་སློབ
ཡིན་པར་ཤེས་ཏེ་ཕ་གཅིག་གསུང་འདི་ཞལ་དངོས་སུ་མཇལ་ཡང་ཞལ་མ
འཚོབས་འགྱོད་པས་གདུང་བཞིན་སྙིང་མའི་ཕ་ཇན་འཇིགས་བྲལ
ཡེ་ཤེས་རྡོ་རྗེས་རང་ཉམས་དང་སྦྱར་ཏེ་བྲིས་པ་དོན་ལྡན་དུ་འགྱུར་ཅིག །

སརྦ་དཱ་མངྒ་ལཾ།།

欲樹佛法兮且樹於汝心
於心深處兮即得佛種姓
欲至佛土兮先清淨妄念
既生喜悅兮佛土在眼前
修持精進兮於教法心髓
若不修持兮焉能望有成
一己過失兮一己難知曉
能知己過兮斯即為法要
漸正汝過失 —— 漸生汝功德

於每句間，彼擊鐃鈸更響，至歌末，復力擊鐃鈸而去，鈸聲令余醒覺。既醒，憶其所歌，因知其義，蓋無所取捨之教法也。

余因追悔，既親見吾父蓮花生上師現於眼前而未能認知，遂作懷念供養。甯瑪老人無畏智金剛依其證量而作。

願此能生利益
利益一切有情

# ༄༅། །ཀ་དམས་ངག་གཞན་ད་བསྡུས་ཀྱི་སྨོན་ལམ་དམ་པའི་སྙིང་བཅུད་ཅེས་བྱ་བ་བཞུགས་སོ།།

༄༅། །བསླུ་མེད་གཏན་གྱི་སྐྱབས་གཅིག་འཁོར་ལོའི་མགོན།
།དྲིན་ཆེན་རྩ་བའི་བླ་མ་རིན་པོ་ཆེ།
།འཆི་བ་མ་དྲན་ཚེ་འདི་སྒྲུབ་པ་ཡི།
།དཔལ་འབྱོར་སྟོང་ཟད་བདག་ལ་ཐུགས་རྗེས་ཟུང་།

།ཐོ་ལམ་འདྲ་བའི་མི་ཚེ་ཡད་ཡུད་འདི།
།སྐྱིད་ཀྱང་རུང་ལ་སྡུག་ཀྱང་རུང་བསམ་ན།
།སྐྱིད་སྡུག་གཞན་ལ་ཡིད་སྨོན་མི་བྱེད་པར།
།དམ་པའི་ཆོས་ལ་ནན་ཏན་བྱེད་པར་ཤོག །

།རླུང་གསེབ་མར་མེ་འདྲ་བའི་མི་ཚེ་འདི།
།རིང་ཡང་རུང་ལ་ཐུང་ཡང་རུང་བསམ་ན།
།བདག་འཛིན་དམ་པོས་པ་བ་བསྟོན་མི་འདེབས་པར།
།དམ་པའི་ཆོས་ལ་ནན་ཏན་བྱེད་པར་ཤོག །

།སྒྱུ་ཐེད་སྒྱུ་མ་འདྲ་བའི་ཉམ་དཔྱོད་འདི།
།འགྲིགས་ཀྱང་རུང་ལ་མ་འགྲིགས་ཀྱང་རུང་བས།
།ཆོས་བརྒྱད་གཏེར་ཀཱ་སྟྭ་ཧྲ་ར་རྡེར་ནས་སུ།
།དམ་པའི་ཆོས་ལ་ནན་ཏན་བྱེད་པར་ཤོག །

# 聖者心甘露・
# 依口訣心要精華之發願文

唯一不敗不變依怙　壇城聖者
具極珍貴且極悲憫　慈心顧我
於我虛擲人身暇滿　虛擲天賦
無非只能於此一生　無明而死

浮游人生渾如夢
樂也罷　哀也罷
不管喜悅與憂傷
但願常修無上法

臨死渾如風前燭
壽也罷　夭也罷
既於自我無執著
但願常修無上法

世智渾如蜃樓色
真也罷　幻也罷
八種世風吹不動
但願常修無上法

།ཤིང་ཕའི་བྱ་ཚོགས་འདྲ་བའི་འཁོར་གཡོག་འདི།
།འདུས་ཀྱང་རུང་ལ་འབྲལ་ཡང་རུང་བསམ་ནས།
།སྡུག་ཐག་རང་གི་མགོ་ལ་དཀྲི་བ་ཡིས།
།དམ་པའི་ཆོས་ལ་ནན་ཏན་བྱེད་པར་ཤོག །

།ཡོ་བཀྲུའི་བང་རུལ་འདྲ་བའི་སྒྱུ་ལུས་འདི།
།འཚོ་ཡང་རུང་ལ་འཇིལ་ཡང་རུང་བསམ་ནས།
།ཟས་གོས་སྨན་གྱི་རྩོལ་བས་མི་འཆིང་བར།
།དམ་པའི་ཆོས་ལ་ནན་ཏན་བྱེད་པར་ཤོག །

།ཁྲིས་པའི་རྩེ་དགོ་འདྲ་བའི་ཆོས་ཚུགས་འདི།
།ཟིན་ཡང་རུང་ལ་ཞིར་ཡང་རུང་བསམ་ནས།
།ཟར་ཟིར་མང་པོས་རང་མགོ་མི་བསྐོར་བར།
།དམ་པའི་ཆོས་ལ་ནན་ཏན་བྱེད་པར་ཤོག །

།མེ་ལོང་གཟུགས་བརྙན་འདྲ་བའི་ལྷ་འདྲེ་འདི་རིས།
།ཕན་ཡང་རུང་ལ་གནོད་ཀྱང་རུང་བསམ་ནས།
།རང་སྣང་འཁྲུལ་པ་རྫ་རྫུ་མི་བལྟ་བར།
།དམ་པའི་ཆོས་ལ་ནན་ཏན་བྱེད་པར་ཤོག །

眷屬渾如鳥棲林
聚也罷　散也罷
莫任他人牽我鼻
但願常修無上法

幻身渾如百年屋
存也罷　塌也罷
無復迷戀衣食藥
但願常修無上法

法位渾如小兒戲
保也罷　失也罷
無數異端只我欺
但願常修無上法

神魔渾如鏡中影
益也罷　害也罷
莫將幻影視為敵
但願常修無上法

།རྗེས་མེད་ཐྲག་ཅ་འདྲ་བའི་འཁྲུལ་བག་ཏམ་འདི།
།སྙན་ཀྱང་ཉུང་ལ་མ་སྙན་ཀྱང་ཉུང་བས།
།དཀོན་མཆོག་གསུམ་དང་རང་སེམས་དཔང་བཞག་ནས།
།དམ་པའི་ཆོས་ལ་ནན་ཏན་བྱེད་པར་ཤོག །

།ཤ་བའི་རྣ་འདྲ་དགོས་དུས་མི་ཐན་པ།
།ཤེས་ཀྱང་ཉུང་ལ་མ་ཤེས་ཀྱང་ཉུང་བས།
།རིག་གནས་ཙམ་ལ་བློ་གཏད་མི་འཆར་བར།
།དམ་པའི་ཆོས་ལ་ནན་ཏན་བྱེད་པར་ཤོག །

།བཙན་དུག་ཧ་ལ་འདྲ་བའི་དཀོར་རྫས་འདི།
།ཐུང་ཡང་ཉུང་ལ་མ་ཐུང་ཡང་ཉུང་བས།
།ལོག་འཚོའི་སྡིག་ལ་མི་ཆེ་མི་བསྐྱུལ་བར།
།དམ་པའི་ཆོས་ལ་ནན་ཏན་བྱེད་པར་ཤོག །

།ཁྲི་ཡུད་དར་བསྡུམས་འདྲ་བའི་ཚེ་གཟུགས་འདི།
།ཐོབ་ཀྱང་ཉུང་ལ་མ་ཐོབ་ཀྱང་ཉུང་བས།
།རང་མགོ་རྒྱུལ་བ་སྣ་ཡི་མཆོར་ནས་སུ།
།དམ་པའི་ཆོས་ལ་ནན་ཏན་བྱེད་པར་ཤོག །

妄語渾如風回響
順也罷　逆也罷
三寶與心作見證
但願常修無上法

用時無用如鹿角
知也罷　懵也罷
世法不須成依賴
但願常修無上法

法執渾如病癘毒
來也罷　去也罷
此生不困殘缺義
但願常修無上法

虛名渾如錦裹糞
成也罷　喪也罷
我鼻自能知臭味
但願常修無上法

།ཚོང་འདུས་མགྲོན་པོ་འདྲ་བའི་གཉེན་འབྲེལ་འདི།
།མཛའ་ཡང་སྡུག་ལ་མ་འཛོན་ཀྱང་སྡུག་པས་ན།
།ཞེན་པའི་གདོས་ཐག་སྙིང་ནས་བཅད་པ་ཡིས།
།དམ་པའི་ཆོས་ལ་ནན་ཏན་བྱེད་པར་ཤོག །

།རྨི་ལམ་ནོར་རྫས་དང་འདྲ་བའི་ཟང་ཟིང་འདི།
།ཡོད་ཀྱང་སྡུག་ལ་མེད་ཀྱང་སྡུག་པས་ན།
།མཐུན་འཛུག་རྡོ་དགས་གཞན་མགོ་མི་བསྐོར་བར།
།དམ་པའི་ཆོས་ལ་ནན་ཏན་བྱེད་པར་ཤོག །

།བྱིའུ་ཆུང་ཤིང་རྩེར་བབ་འདྲའི་གོ་ས་འདི།
།མཐོ་ཡང་སྡུག་ལ་དམའ་ཡང་སྡུག་པས་ན།
།ངང་ལྷུག་གནས་ལ་ཡིད་སྨོན་མི་བྱེད་པར།
།དམ་པའི་ཆོས་ལ་ནན་ཏན་བྱེད་པར་ཤོག །

།མཚོན་ཆ་འདྲ་བའི་ངན་སྤྲ་ཕ་ས་ལས་སྦྱོར་འདི།
།འགྲུབ་ཀྱང་སྡུག་ལ་མ་འགྲུབ་ཀྱང་སྡུག་བས།
།ངང་གྲོགས་གཅོད་པའི་སྒྲུབ་ཀྱི་མི་ཉེ་བར།
།དམ་པའི་ཆོས་ལ་ནན་ཏན་བྱེད་པར་ཤོག །

塵緣渾如爐日會
喜也罷　厭也罷
斷此心頭情意結
但願常修無上法

財富渾如夢中寶
得也罷　失也罷
何必欺人作諂媚
但願常修無上法

權位渾如枝上鳥
高也罷　低也罷
希求徒然惹憂傷
但願常修無上法

黑法渾如鋒利劍
成也罷　敗也罷
不買利刃傷自己
但願常修無上法

།ཉེ་ཙོའི་ཡིག་རྫུག་འདྲ་བའི་འདོན་བརྗོད་འདི།
།བྲུས་ཀྱང་རུང་ལ་མ་བྲུས་ཀྱང་རུང་བས།
།བྲུས་བྲུས་མང་པོའི་རྣམ་གྲངས་མི་བགྲང་བར།
།དམ་པའི་ཆོས་ལ་ནན་ཏན་བྱེད་པར་ཤོག །

།ཁྲི་བོའི་འབབ་ཆུ་འདྲ་བའི་བཤད་ཡམ་ཆེས།
།མཁས་ཀྱང་རུང་ལ་མ་མཁས་ཀྱང་རུང་བས།
།ཁབ་ཤད་མཁས་ལ་ཆོགས་སུ་མི་བསྒོམ་པར།
།དམ་པའི་ཆོས་ལ་ནན་ཏན་བྱེད་པར་ཤོག །

།ཕག་པའི་སྨྲ་འདྲ་དཔྱུད་པ་སྨྲུར་བའི་བློ།
།རྣོ་ཡང་རུང་ལ་རྟུལ་ཡང་རུང་བས་ན།
།དོན་མེད་ཆགས་སྤུང་ཟེགས་མ་མི་སློང་བར།
།དམ་པའི་ཆོས་ལ་ནན་ཏན་བྱེད་པར་ཤོག །

།དབྱར་གྱི་ཆར་ཆུ་འདྲ་བའི་རྣལ་འབྱོར་ཉམས།
།འཕེལ་ཡང་རུང་ལ་འགྲིབ་ཀྱང་རུང་བས་ན།
།བྲིས་པ་འཇའ་ཚོན་རྗེས་སུ་མི་འདེད་པར།
།དམ་པའི་ཆོས་ལ་ནན་ཏན་བྱེད་པར་ཤོག །

持誦渾如鸚鵡鳴
誦也罷　默也罷
莫算不同修習數
但願常修無上法

說法渾如山水流
暢也罷　窒也罷
佛法豈同逞口舌
但願常修無上法

心智渾如豬嘴鼻
尖也罷　鈍也罷
徒然拱起愛憎泥
但願常修無上法

證量渾如夏日溪
漲也罷　退也罷
莫學孩童逐彩虹
但願常修無上法

།རི་འགོ་རི་ཆར་པ་འདྲ་བའི་དག་སྟོང་འདི།
།ཤར་ཡང་རྟུང་ལམ་ཤར་ཡང་རྟུང་བས།
།འབྲུལ་པའི་ཨུ་མ་ས་ལ་པ་བདེན་པར་མི་བཟུང་བར།
།དམ་པའི་ཆོས་ལ་ནན་ཏན་བྱེད་པར་ཤོག །

།ཡིད་བཞིན་ནོར་བུ་ལྟ་བུའི་དལ་འབྱོར་འདི།
།མ་ཐོབ་དམ་ཆོས་སྒྲུབ་ཐབས་མི་འདུག་པས།
།རང་ལག་ཡོད་དུས་རྒྱུད་ཟློས་མི་གཏོང་བར།
།དམ་པའི་ཆོས་ལ་ནན་ཏན་བྱེད་པར་ཤོག །

།ཐར་ལམ་སྟོན་མི་དཔལ་ལྡན་བླ་མ་འདི།
།མ་མཇལ་གནས་ལུགས་རྟོགས་ཐབས་མི་འདུག་པས།
།གར་འགྲོ་ཤེས་དུས་གཡང་ལ་མི་འཆེང་བར།
།དམ་པའི་ཆོས་ལ་ནན་ཏན་བྱེད་པར་ཤོག །

།ནད་སེལ་སྨན་དང་འདྲ་བའི་དམ་ཆོས་འདི།
།མ་ཐོས་སྡུ་སྔང་ཞེས་ཐབས་མི་འདུག་པས།
།ཕན་གནོད་ཤེས་དུས་བཙོན་དུག་མི་འགྲམ་པར།
།དམ་པའི་ཆོས་ལ་ནན་ཏན་བྱེད་པར་ཤོག །

持誦渾如鸚鵡鳴
誦也罷　默也罷
莫算不同修習數
但願常修無上法

說法渾如山水流
暢也罷　窒也罷
佛法豈同逞口舌
但願常修無上法

心智渾如豬嘴鼻
尖也罷　鈍也罷
徒然拱起愛憎泥
但願常修無上法

證量渾如夏日溪
漲也罷　退也罷
莫學孩童逐彩虹
但願常修無上法

།རི་འགོ་རི་ཆར་པ་འདྲ་བའི་དག་སྟང་འདི།
།ཁར་ཡང་རྡུང་ལ་མ་ཤར་ཡང་རྡུང་བས།
།འབྲུལ་པའི་ཨུམས་ལ་བདེན་པར་མི་བཟུང་བར།
།དམ་པའི་ཚོགས་ལ་ནན་ཏན་བྱེད་པར་ཞོག །

།ཡིད་བཞིན་ནོར་བུ་ལྟ་བུའི་དལ་འབྱོར་འདི།
།མ་ཐོབ་དམ་ཆོས་སྒྲུབ་ཐབས་མི་འདུག་པས།
།རང་ལག་ཡོད་དུས་ཆུད་ཟོས་མི་གཏོང་བར།
།དམ་པའི་ཚོགས་ལ་ནན་ཏན་བྱེད་པར་ཞོག །

།ཐར་ལམ་སྒྲོན་མེ་དཔལ་ལྡན་བླ་མ་འདི།
།མ་མཇལ་གནས་ལུགས་རྟོགས་ཐབས་མི་འདུག་པས།
།ཀ་ར་འགྲོ་ཤེས་དུས་ག་ཡང་ལ་མི་འཆེང་བར།
།དམ་པའི་ཚོགས་ལ་ནན་ཏན་བྱེད་པར་ཞོག །

།ནད་སེལ་སྨན་དང་འདྲ་བའི་དམ་ཆོས་འདི།
།མ་ཐོས་སྒྲ་དགྲང་ཤེས་ཐབས་མི་འདུག་པས།
།ཕན་གནོད་ཤེས་དུས་བཙན་དུག་མི་འགམ་པར།
།དམ་པའི་ཚོགས་ལ་ནན་ཏན་བྱེད་པར་ཞོག །

清淨境如山頂雨
現也罷　隱也罷
不為幻境作憑證
但願常修無上法

暇滿渾如如意珠
無此即無法成就
今既到手莫虛擲
但願常修無上法

上師解脫道中燈
不遇無由知真性
循路而行莫跳越
但願常修無上法

正法渾如療病藥
不聞即不知取捨
只取其藥遺其毒
但願常修無上法

།དབྱར་དགུན་རེས་འདྲའི་སྐྱིད་སྡུག་འཁྱུར་ལྡོག་འདི།
།མ་མཐོང་ངེས་པར་འབྱུང་ཐབས་མི་གདའ་བས།
།སྡུག་རེས་རང་ལ་འཁོར་བར་ཐག་ཆོད་ནས།
།དམ་པའི་ཆོས་ལ་ནན་ཏན་བྱེད་པར་ཞོག །

།ཆུ་རྡོ་ཆུག་ཉིད་བྱེད་འདྲའི་འཁོར་བ་འདི།
།ད་རེས་མ་བསྒྱུར་ཕྱི་ནས་མི་ཐར་བས།
།དཀོན་མཆོག་ཐུགས་རྗེའི་དཔྱང་ཐག་ལ་འཇུས་ནས།
།དམ་པའི་ཆོས་ལ་ནན་ཏན་བྱེད་པར་ཞོག །

།ནོར་བུ་གླིང་འདྲ་ཐར་པའི་ཡོན་ཏན་འདི།
།མ་ཞེས་བརྩོན་འགྲུས་རྩོམ་ཐབས་མི་འདུག་པས།
།གཏན་དུ་རྒྱལ་བའི་ཤིགས་སར་མཐོང་ནས་སུ།
།དམ་པའི་ཆོས་ལ་ནན་ཏན་བྱེད་པར་ཞོག །

།བདུད་རྩིའི་བཅུད་འདྲ་དམ་པའི་རྣམ་ཐར་འདི།
།མ་མཇལ་ཡིད་ཆེས་སྐྱེ་ཐབས་མི་འདུག་པས།
།ཕམ་རྒྱལ་ཞེས་དུས་རང་སྡུག་མི་ཉེ་བར།
།དམ་པའི་ཆོས་ལ་ནན་ཏན་བྱེད་པར་ཞོག །

哀樂交乘似冬夏
未覺即無出離心
為知寒熱相交侵
但願常修無上法

輪迴渾如水底石
今日不出永不出
執持三寶救生索
但願常修無上法

解脱量如珍寶洲
無獲即難生精進
視所得益無盡頭
但願常修無上法

聖者傳記如甘露
不嚐即不知正道
既知真實取與捨
但願常修無上法

།ཞིང་སག་ཤིན་པོ་འདྲ་བའི་བྲང་སེམས་འདི།
།མ་སྨྲེལ་ལས་ངས་རྒྱུས་ཐོབ་ཐབས་མི་འདུག་པས།
།དོན་ཆེན་སྨྲ་བ་ལ་བཏང་སྙོམས་མི་འཛེག་པར།
།དམ་པའི་ཆོས་ལ་ནན་ཏན་བྱེད་པར་ཤོག །

།ཚོལ་རྒྱུ་ང་སྒྲེན་ཟུ་འདྲ་བའི་རང་སེམས་འདི།
།མ་བསྲུང་ཉིན་མོངས་སྒྲང་ཐབས་མི་འཇུག་པས།
།སྨྲོན་པའི་ལང་མོ་ཚི་བདེར་མི་བྱེད་པར།
།དམ་པའི་ཆོས་ལ་ནན་ཏན་བྱེད་པར་ཤོག །

།ལྷན་སྐྱེས་གྲིབ་མ་འདྲ་བའི་བདག་འཛིན་འདི།
།མ་སྤྱངས་བདེ་སར་ཕྱིན་ཐབས་མི་འདུག་པས།
།དགྲ་བོ་ཟིན་དུས་བ་ཤེས་ཀྱུ་མི་བསྐྱེན་པར།
།དམ་པའི་ཆོས་ལ་ནན་ཏན་བྱེད་པར་ཤོག །

།ཐལ་གསེབ་མེ་མདག་འདྲ་བའི་སྡུག་ལྷ་འདི།
།མ་ཆེམས་སེམས་ཉིད་རྒྱལ་དུ་མི་གནས་པས།
།ཏུག་སྨྲུ་ལ་སྒྲུག་སྣམ་དུ་མི་གསོབ་པར།
།དམ་པའི་ཆོས་ལ་ནན་ཏན་བྱེད་པར་ཤོག །

求證悟願如沃土
不耕無由成佛道
無所改易求成就
但願常修無上法

心念渾如猴子戲
不調徒然亂我意
莫落衣冠猴戲場
但願常修無上法

我執渾如形附影
除執始能得寧靜
尤須不認敵為友
但願常修無上法

五毒渾如灰上燼
不滅心難住自性
莫養小蛇在我床
但願常修無上法

།སྨུ་མ་ཀོ་ག་སྡོང་པོ་འདྲ་བའི་རང་རྒྱུད་འདི།
།མདུད་ལ་ཆོས་དང་རང་སེམས་མི་འདྲེ་བས།
།རང་སྐྱེས་ཕྲུ་གུ་སྐྱུ་ག་ལ་ཡང་མི་བཏང་བར།
།དམ་པའི་ཆོས་ལ་ནན་ཏན་བྱེད་པར་ཤོག །

།ཆུ་ཀླུང་རང་འབབ་འདྲ་བག་ཆགས་ལས་ངན་གོམས་པ་འདི།
།མ་བཅད་ཆོས་མིན་སྤྱོད་དང་མི་འགྲུལ་བས།
།མཚོན་ཆ་དགྲ་བོའི་ལག་ཏུ་མི་འཚོང་བར།
།དམ་པའི་ཆོས་ལ་ནན་ཏན་བྱེད་པར་ཤོག །

།ཟིན་མེད་རྒྱུག་ཅེར་ལྷུ་བུའི་རྣམ་གཡེང་འདི།
།མ་སྐྱུངས་བརྟན་པ་ཐོ་བ་ཐབས་མིག་དཔར་བས།
།ཅི་བྱུས་ཆོག་རྡུས་ལ་འབོར་བ་མི་བསླུ་བ་པར།
།དམ་པའི་ཆོས་ལ་ནན་ཏན་བྱེད་པར་ཤོག །

།སྐྱུ་རྡོས་འདྲ་སླ་མའི་བྱིན་ལྷ་བས་འདི།
།མ་ཞུགས་རང་དེར་འཕྲེད་ཐབས་མིག་དཔར་བས།
།ཉེ་ལམ་སླེ་བདུལ་ས་རྒྱུ་མི་བསྐོར་བར།
།དམ་པའི་ཆོས་ལ་ནན་ཏན་བྱེད་པར་ཤོག །

心性渾如陳硬酪
不融心與法難融
親生孩兒勿放縱
但願常修無上法

陳年積習如河床
不滅不能離惡俗
武器勿將入敵手
但願常修無上法

俗樂渾如長流水
不戒即難牢立腳
毫無選擇落輪迴
但願常修無上法

上師加持如地暖
不受無能證自性
行於捷道莫迴環
但願常修無上法

།ང་ཕྲུར་ཀྱི་སྨན་ལྗོངས་འདྲ་བའི་དབེན་ས་འདི།
།མ་བསྟེན་ཡོན་ཏན་སྐྱེ་ཐབས་མི་གདའ་བས།
།རི་ལ་གནས་དུས་གྲོང་ནག་མི་འགྲིམ་པར།
།དམ་པའི་ཆོས་ལ་ནན་ཏན་བྱེད་པར་ཤོག །

།བསེ་རག་ལྷུགས་སུ་ཞུགས་འདྲའི་སྐྱིད་འདོད་འདི།
།མ་ཕྲལ་སྡུག་བསྔལ་རྩོལ་སྒྲུབ་མི་ཆད་པས།
།ཕྱོག་འགོ་དལྷུག་གི་ལྷ་རུ་མི་མཆོད་པར།
།དམ་པའི་ཆོས་ལ་ནན་ཏན་བྱེད་པར་ཤོག །

།མཁར་གྱི་སྒོ་ལྕགས་འདྲ་བའི་དྲན་ཤེས་འདི།
།མ་བསྟེན་འཁྲུལ་པའི་ཀྱུ་འཁྱུལ་མི་ཆད་པས།
།རྐུན་མ་ཡོང་དུས་སྒོ་ཆ་མི་གློད་པར།
།དམ་པའི་ཆོས་ལ་ནན་ཏན་བྱེད་པར་ཤོག །

།འགྱུར་མེད་ནམ་མཁའ་ལྟ་བུའི་གནས་ལུགས་འདི།
།མ་རྟོགས་ལྟ་བའི་གཞི་རྩ་མི་ཆོད་པས།
།རང་གིས་རང་ཉིད་དལྷུག་གསུམ་མི་བཅུག་པར།
།དམ་པའི་ཆོས་ལ་ནན་ཏན་བྱེད་པར་ཤོག །

隱居地如藥草山
不住即無功德長
住山莫出遊黑城
但願常修無上法

求樂渾如心有鬼
不驅即不離痛苦
莫供餓鬼如供佛
但願常修無上法

戒心渾如堡壘匙
不持永不得心寧
莫待賊來門不鎖
但願常修無上法

真如若不變長空
證此方能生正見
莫用鐵枷關自己
但願常修無上法

།དྲི་མེད་ཞི་ལ་གོང་འདྲ་བའི་རིགས་པ་འདི།
།མ་མཐོང་སྒོམ་པའི་འཛིན་རྩོལ་མི་ཞིག་པས།
།འབྲལ་མེད་འགྲོགས་དུས་གཞན་ལ་མི་ཚོལ་བར།
།དམ་པའི་ཆོས་ལ་ནན་ཏན་བྱེད་པར་ཤོག །

།སྣང་འདྲིས་གྲོགས་འདྲ་ཐ་མལ་ཤེས་པའི་ངོ་།
།མ་འཕྲོད་བྲིས་ཚད་བསླབ་པའི་ཆོས་ཡིན་པས།
།མིག་ཐུབ་བཙུམས་ནས་སྣང་ཚོད་མི་བྱེད་པར།
།དམ་པའི་ཆོས་ལ་ནན་ཏན་བྱེད་པར་ཤོག །

།མདོར་ན་ཚེ་འདིའི་བྱ་བ་མ་བཏང་ན།
།ཕྱི་མའི་དམ་ཆོས་འགྲུབ་ཐབས་མིག་དར་བས།
།རང་དྲིན་རང་ལ་ཆེ་བའི་གྲོས་བཏབ་ནས།
།བྱས་ཚད་དམ་པའི་ཆོས་སུ་འགྲོ་བར་ཤོག །

།ཆོས་བཞིན་གདམས་ནན་བླ་མར་ཡོག་ལྷ་དང་།
།ལས་དང་ལྡོངས་ཆེ་ལྷ་ལ་ཡི་ཆད་དང་།
།འགལ་རྐྱེན་བྱུང་ན་སྒྲུབ་པ་བཤོལ་བ་སོགས།
།དངོས་གྲུབ་ཐོབ་ཀ།རབ་ཆད་མཐུར་ཅིག །

覺性如無瑕水晶
無作而修止觀境
既得不復尋其餘
但願常修無上法

自性心如老朋友
非他功德將消退
何須閉目亂摸索
但願常修無上法

今生若不顧今生
修習亦無益來世
自己對自己慈悲
願決定修無上法

懷疑上師所傳教授　並非法要
於本尊前唯覺苦味　黑業起時
不復續持已得證量　於逆境際
唯願莫生如是過障　即近成就

།བྱས་ཚད་ཐམས་ཅད་དོན་མེད་ལས་སྤྱོད་བསྐོར།
།འབད་ཚད་ཐམས་ཅད་རང་རྒྱུད་རེངས་པའི་རྒྱུ།
།དྲན་ཚད་ཐམས་ཅད་འཁྲུལ་པའི་ཁ་སྐོན་བཏགས།
།སོ་སྐྱེས་ཆོས་སུ་སྙོམ་ཀུན་རང་འཆིང་རྒྱུ།

།བྱ་རྒྱུ་མང་ལ་སྒྲུབ་འབྲས་གཅིག་ཀྱང་མེད།
།དྲན་རྒྱུ་མང་ལ་གཏད་སོ་ཅི་ཡང་མེད།
།དགོས་དགོས་མང་ལ་འཛོམ་དུས་མེད་པ་ཡི།
།བྱ་བ་བཏང་ནས་གདམས་ངག་བསྒོམ་ནུས་ཤོག །

།བྱ་རོ་བས་མན་རྒྱལ་གསུང་དཔང་པོར་འཛུགས།
།བྱེད་དོ་བས་མན་རང་རྒྱུད་ཆོས་དང་སྲེས།
།སྒྲུབ་པོ་བས་མན་གོང་མའི་རྣམ་ཐར་སྐྱེས།
།ཡང་ཤོར་ཁྲིད་ལ་བྱ་བ་གཞན་གྱིས་ཅི།

།དམན་ས་ཟིན་ཅེར་ཆོག་ཤེས་ནོར་གྱིས་ཕྱུག
།ཆོས་བརྒྱད་འཆིང་གྲོལ་སྒྲུབ་ལ་སྙིང་རུས་སྒྲ།
།བླ་མའི་བྱིན་ཞུགས་རྟོགས་པ་མཁའ་དང་མཉམ།
།ཀུན་བཟང་རྒྱལ་རབས་ཟིན་པར་བྱིན་གྱིས་རློབས།

།ཞེས་པའང་དམ་པ་གོང་མའི་ཞལ་གདམས་རྡོ་རྗེའི་གསུང་གི་དོན་བསྡུས་ནས་
རང་གིས་ཁ་འདོན་དུ་བྲིས་པ་སྟེ། འཇིགས་བྲལ་ཡེ་ཤེས་རྡོ་རྗེས་སོ།། ||

一切所作如遊沙漠　皆無義理
一切作意於我品性　只能僵化
一切心念徒然增長　我心惑亂
一切世法持之為法　是縛我因

凡我所作種種努力　皆無果結
凡我所思種種心機　皆不成真
凡我所望種種希求　皆難圓滿
願修止觀依口訣教　再無造作

若謂汝求所作成就　請佛作證
若謂汝能真實有成　請皈依法
若謂汝思修習止觀　請依前聖
試問除此尚能如何　天之驕子

欲富有於止觀珍寶　先須謙卑
欲得堅強心於修習　避八風縛
欲能證自性如晴空　上師加持
願得至普賢王剎土　願得傳承

以先輩聖者金剛句，隱括其義而作，用以自修祈禱。無畏智金剛造。

༄། །རྒྱང་འབོད་ཀྱི་གསོལ་འདེབས་གཉུག་མའི་ཐོལ་གླུ་ཞེས་བྱ་བ་བཞུགས།

༄༅། །ངོ་བོ་གདོད་ནས་མི་འགྱུར་སྤྲོས་བྲལ་གྱི་ཀ་ཞིས་ལུགས།
།ཀ་དག་གཉིང་གསལ་ལ་གཞོན་ནུ་བུམ་སྐུར་བཞུགས་པ།
།ཆོས་སྐུའི་བླ་མ་ཡེ་ཤེས་རྡོ་རྗེ་དེ་མཁྱེན་ནོ།
།ལྷུ་བའི་གདིང་ཆེན་ཐོབ་པར་བྱིན་གྱིས་རློབས་ཤིག །

།རང་བཞིན་མ་འགགས་ཟུང་འཇུག་འོད་གསལ་ལ་གྱི་ཚོམ་བུ།
།ལྷུན་གྲུབ་རེས་པ་ལྷ་ལྷན་རོལ་པ་རུ་བཞུགས་པ།
།ལོངས་སྐུའི་བླ་མ་བདེ་ཆེན་རྡོ་རྗེ་དེ་མཁྱེན་ནོ།
།སྒོམ་པའི་རྩལ་ལ་ཆེན་རྫོགས་པར་བྱིན་གྱིས་རློབས་ཤིག །

།ཐུགས་རྗེ་ཕྱོགས་ལྷུང་བྲལ་བ་མཐའ་གྲོལ་གྱི་ཡེ་ཤེས།
།ཀུན་ཁྱབ་རིག་སྟོང་རྗེན་པའི་ངོ་བོ་རུ་བཞུགས་པ།
།སྤྲུལ་སྐུའི་བླ་མ་འགྲོ་འདུལ་གླིང་པ་དེ་མཁྱེན་ནོ།
།སྤྱོད་པའི་ཐོག་ལ་ཆེན་འབྱོངས་པར་བྱིན་གྱིས་རློབས་ཤིག །

# 遙啟上師讚頌・自性流露祈禱文

本性不變離戲勝義體
住於甚深本淨童瓶身
法身上師尊智金剛知
祈賜加持於見生大信

自性不滅雙運明淨相
住於法爾五決定莊嚴
報身上師大樂金剛知
祈賜加持能圓修習力

無邊本智與無偏大悲
住於周遍赤裸明空性
化身上師尊伏趣洲知
祈賜加持事業大成就

།རང་རིག་གདོད་མའི་གཞི་ལ་འཕོ་འགྱུར་ནི་མི་འདུག །
།གང་ཤར་ཆོས་སྐུའི་རྩལ་ལ་བཟང་ངན་ནི་མི་གདའ།
།ད་ལྟའི་ཤེས་པ་སངས་རྒྱས་མངོན་སུམ་དུ་འདུག་པས།
།གུ་ཡངས་བློ་བདེའི་བླ་མ་སྙིང་དབུས་ནས་རྙེད་བྱུང་།

།གཉུག་མའི་སེམས་འདི་བླ་མའི་རང་བཞིན་དུ་རྟོགས་ཚེ།
།འཛིན་ཞེན་གསོལ་འདེབས་བཅོས་མའི་ལྷུག་ཕྱུས་ནི་མ་དགོས།
།མ་བཅོས་རིག་པ་རང་བབ་ཁ་ཡན་དུ་སྐྱོད་པས།
།གཏད་མེད་གསལ་རར་རང་གྲོལ་ཐེན་ཐབས་དེ་ཐོབ་བྱུང་།

།བྱས་པའི་ཆོས་ཀྱིས་སངས་རྒྱས་འགྲུབ་དུས་ནི་མི་གདའ།
།ཡིད་དཔྱོད་བློས་བྱས་སྒོམ་འདི་བསླུ་བྱེད་ཀྱི་དགྲ་རེད།
།ད་ནི་འཛིན་སྟངས་ཞིག་པའི་མདོ་མེད་ཀྱི་སྨྱོན་པ།
།བྱུང་རྒྱལ་གཅེར་ཉལ་དང་ལ་མི་ཚེ་འདི་སྐྱེལ་གནོད།

根本覺性不變復無遷
法身顯現非善亦非惡
當下覺性即真實如來
自在安寧上師心底現

了悟初心即上師自性
毋用貪執造作諸啟白
本覺任運無整離作意
隨起捨得自解脫加持

整治而修終無證悟日
尋伺意度修持適自欺
邊執疑懼遣除如狂夫
此生無縛赤裸休息中

།གང་ལྟར་བྱས་ཀྱང་དགའ་འོ་རྫོགས་ཆེན་གྱི་རྣལ་འབྱོར་པ།
།སྤྱུ་དང་འགྲོགས་ཀྱང་རྒྱིད་དོན་པད་འབྱུང་གི་བུ་བརྒྱུད།
།མགོན་ལ་འཁྲན་ཟླ་མེད་དོ་གཉེར་ཆེན་གྱི་བླ་མ།
།ཆོས་ལ་དོ་ཟླ་མེད་དོ་མཁའ་འགྲོ་ཡི་སྙིང་ཞིག །

།རྨི་ལམ་ཆེན་སྙིང་གི་སྤུན་པ་རང་མལ་དུ་སངས་ནས།
།འོད་གསལ་ལ་ཉི་མ་འགྲིབ་མེད་ཧོར་ཡུག་ཏུ་འཆར་བའི།
།སྐུ་ལ་བཟང་འདི་ཀོ་ཕ་གཅིག་བླ་མ་ཡི་སྐུ་དྲིན།
།དྲིན་ལན་འཁོར་མཐའ་མེད་དོ་བླ་མ་རང་དྲན་ནོ།།

ཞེས་པའང་རང་གི་རྡོ་རྗེ་སློབ་བུའི་ནུ་བོ་སྤྲུལ་པའི་སྐུ་འཇིགས་མེད་ཆོས་དབྱིངས་ཟེར་བུ་དོན་ཐམས་ཅད་གྲུབ་པའི་ཉེ་འི་གསུང་གིས་ངོར་འཇིགས་བྲལ་ཡེ་ཤེས་རྡོ་རྗེས་འཆལ་གཏམ་དུ་སྨྲས་པ་དགེ།། །།

大圓滿行者所作歡喜
蓮花生子嗣和悅眾生
無敵怙主為取巖上師
無上教法空行母心要

無明住處遣心暗無明
澄輝大日不滅光常照
上師如父慈心賜福德
深恩難報一心憶上師

此頌乃應余之金剛大弟子無畏法界義成活佛所請，無畏智金剛無義饒舌而作。願善妙增長

# 遙啟上師讚頌釋

山藩法王 造
許錫恩 譯

## 前言

《遙啟上師讚頌》，藏語為*Bla ma rgyang 'bod*，乃啟發及指導我們：（1）如何去體認大圓滿（rdzogs pa chen po）教法中，所述「三身」之覺性；（2）如何於憶念此「三身」時，將行者的上師與之聯繫；（3）上師如何自他的悲心中體現「三身」；（4）最主要者，乃如何理解我們自身的證悟，其實無非是上師大慈悲心之體現而已。從世俗諦的觀點來說，以上的道理並非人人皆能明白。因此，在東方，只有少數對大圓滿能具正見及正解的弟子，才修習《遙啟上師讚頌》。

此修持，應於清晨（當你在床上剛剛自睡眠中蘇醒剎那）立即開始。甯瑪派有些修持，於蘇醒時立刻殷勤持咒以召請蓮師及諸佛；但《遙啟上師讚頌》之修持，只要求當你蘇醒時，便觀察根本覺的自性。這個修持，在於清晨中令見地生起及安住，因此，切須謹記：當你早上剛清醒時，馬上開始修法。你可將此修法，與其他修持交替而作（若你已受了其他修持灌頂的話），例如上師瑜伽、前行或長壽法等。

對於你們當中有修習睡夢瑜伽的人來說，《遙啟上師讚頌》的修持，能夠將見地與睡夢瑜伽覺性的境界融成一味。對於那些將睡夢瑜伽視作有區別的人來說，我們可以在大清早

（當如實幻境開始之前）便修持正見、正解和正行，從而使到加持能整日不斷。

《遙啟上師讚頌》（這個名稱）並不表示你與你的上師之間有實質上的距離。若上師是住於你心中的話，便沒有距離可言。若你覺得上師無論在實質上或精神上都是遠離自己的話，此修持可將你的心與上師的心相融，從而泯滅任何遠近分別。對於上師來說亦然：上師與弟子之間並無距離。身體上的分隔算不了甚麼，亦不會阻礙加持。弟子受到上師身語意的加持，遂與上師的慈悲無二無別。《遙啟上師讚頌》實際是喚醒行者：在時間、空間及思想各方面，上師與自己有密不可分的關係。悲心能遍達於四周，因此，從這個觀點而言，便沒有任何距離。

這個修法能速得上師的加持。我們視上師為「三身」圓滿的體現，顯出大圓滿的三相 —— 空性（stong ba）、光明（gsal ba）及周遍大悲（thugs rje kun khyab）。此根本體性是廣大空性，光明由此生起，無有障礙；亦由此生起遍一切有情之悲心 —— 見地乃由此而來。於此殊勝金剛乘修持中，我們了悟一切加持的根源，實在是金剛師尊的展示。明乎此、明乎上師的功德、及明乎上師為諸佛及一切成就的體現，我們在早上的第一件事，便是觀上師的悲心與大力化為「三身」。對金剛乘來說，此加持乃一切師尊示現的根源，是故，我們尤須了悟上師「三身」的體現。此修持亦名為大圓滿直指教授（rdzogs chen dmar khrid），是因為它清楚明白地表達了大圓滿的見地。例如，你了悟上師的悲心及其覺性的本質遍滿一切有情，正如天雨灑在一片土地上，每分土地皆能同時得到利益一樣。這即是諸佛之悲心，及其悲心如何遍滿一切有情的實況。還有一點：當我們說上師代表「三身」時，我們須從三個層次去理解上師所作的事業。

## 遙啟上師讚頌 —— 自性流露祈禱文

此修持法藏文標題為*rGyang 'bod kyi gsol 'debs gnyug ma'i thol glu zhes bya ba bzhungs*。rGyang 'bod 指從遠處呼喚；gsol 'debs是啟白；gnyug ma是無整覺性或本源（大圓滿的自性）；而 thol glu 為並行、或法爾。有人將 thol glu 翻譯為「歌」，但其實 thol glu 是有藏語 thol byung 和 thol skyes 的意思，即指任運無整、脫口而出的真實語言。是故，此題表義為：從遠處以無整任運的態度呼喚上師 —— 覺性，從澄明的醒覺中生起，而此完全任運的澄明醒覺，便是向上師的呼喚。因你沒有摻雜世俗的根識在內，所以這呼喚是無修整的。而且，此呼喚亦是任運的，因為它是你心性的自然流露。

## 三名字

據大圓滿的教法，「三相」對於我們的修持來說非常重要。「三相」是：體性 （ngo bo）、自相（rang bzhin）和悲心（thugs rje）。上師乃是「三相」的體現，所以我們將大圓滿三種義集於上師。在本篇中三個名字是指尊貴的敦珠甯波車（H.H. bDud 'joms rin po che）。第一個名字是智金剛（Ye she rdo rje），第二及第三個名字分別是大樂金剛（bDe chen rdo rje）和伏趣洲（bDud 'dul gling pa）。這些名字，表達了對上師廣大無邊的悲心、和「我們的證悟與覺性，實無非上師的證悟與覺性」之理解。為了「三身」、為了理解大圓滿三種甚深要義，和為了令此要義回歸其本源，我們因此祈喚這三個名字：

第一個名字 —— 智金剛，乃上師的法身自性。此名字是甯波車的父親所賜。其父名妙吉祥寶（'Jam dpal nor bu），是西藏迦南（Ka gnam）王族的王子。此王族是法王赤松德真（Khri srong lde bstan）的直系後裔。甯波車的父親曾夢見空行母降臨。她手中拿著一面鏡，而前面則放著一枝金剛杵。空行母說：「這就是你兒子的名字。你要好好地照顧他，因為他將會利益無數有情。」甯波車之父明白鏡代表智慧，而金剛杵則代表成就此智慧的善巧方便。他知道兒子的名字一定是智金剛，別無他名。這便是甯波車的名字，亦是他的稱號。由於空行母的啟示，甯波車之父便離開迦南王宮，一直走到蓮花崗（Padma bkod）。在這個地方，他邂逅了甯波車的母親。隨著這段已經授記了的姻緣，遂有甯波車的誕生。

在《遙啟上師讚頌》修法中出現的第二個名字，是大樂金剛。這個名字是甯波車其中一位根本上師，名叫濟龍甯波車（Rje drung rin po che）所賜。濟龍甯波車是一位伏藏師（gter ston）。他的巖傳名字是摧魔虛空金剛（bDud 'joms nam mkha'i rdo rje）。他在一隻石龜旁邊，取得空行母用黃金寫成的教法。他也是《蓮花秘密心要》（*Padma gsang thig*）和《正嚴天成》（*Songtsen lha grub*）這兩種巖傳法要的取巖者。當甯波車八歲的時候，濟龍甯波車名其為無畏蓮花普賢大樂法界金剛（'Jigs bral Padma kun bzang bde chen chos dbyings rdo rje），簡稱便是無畏大樂金剛（'Jigs bral bde chen rdo rje）。

第三個名字是伏趣洲。根據巖傳法統和一些秘密經典所載，甯波車名叫伏趣洲。舒孟伏藏師虛空金剛（Surmang gter

ston nam mkha'i rdo rje）將甯波車命名為伏趣洲。伏藏師甯波車（即舒孟伏藏師虛空金剛）是遍照護（Vairocana）和摧魔金剛（bDud 'joms rdo rje）的化身；後者是蓮花生大士其中一位主要的心子。伏藏師甯波車曾取得《普巴絕密威德新寶藏》（*gTer gsar phur pa yang gsang*）的嚴傳教法，其中包括了《無死精要》（*'Chi med srog thig*）的長壽法修持。當敦珠甯波車二十一歲，而伏藏師甯波車則是五十一歲的時候，他們在敏珠林寺（sMin grol gling）山後一處名為德倫的地方，因善緣而相遇。

由濟龍甯波車賜給敦珠甯波車的名字簡寫，即「無畏大樂金剛」，我們保留了「無畏」這個名字，而和他父親所賜的名字「智金剛」連結在一起，由是而得出甯波車的今名 —— 無畏智金剛。這幾個名字是「三身」的體現，同時亦是上師的外、內、密名字。

## 五決定

關於五決定（或稱之為五圓滿）—— 即上師決定、處決定、法決定等等 —— 大圓滿和大乘有不同的觀點。一般大乘的說法，處決定指圓滿佛陀剎土。上師則順理成章地是指佛陀，或根據教授而指某一本尊。眷屬則是勇父及空行母等。時則是指法輪仍轉的難得機遇。教法自然便是大乘的教法了。

大圓滿所說的五圓滿則不同。首先，處決定指密嚴剎土。換句話說，處決定便是心性的證悟，亦可稱之為根本覺的本質。因根本覺的本質是內自性，所以從大圓滿的觀點來說，便理解處決定為內自性。上師決定是五佛部諸上師及其明妃，而眷屬則無非諸菩薩，不論男女，諸如觀世音等。時是不變，無過去、現在、未來三時的分別。既沒有所謂「起始」與「終結」，所以時自無始以來便是清淨，藏語稱之為 ka dag gi dus（大清淨時）。最後，教法決定是指大圓滿的離戲教法，或稱金剛乘的無上教法。因為這就是大圓滿的修持，我們要時刻謹記，切勿於修持時被虛妄分別所牽引。所以，從一開始，我們所有的疑惑 —— 即萬法 —— 都應該已被體認、觀察和解脫。須從這個觀點來看，這個修持才有意義。

## 修部

《遙啟上師讚頌》有一個簡軌名為「中心啟白」，此簡軌是由巴卡活佛（rBa kha sprul sku）的上一位明妃所請。此外亦有另一個簡軌。

根據甯波車解釋，這是一個很高層次的修法，並且是依很高的見地而寫的。所以，我們萬勿因為在「行」上分心而失去見地。我們須理解自身的見地、態度和修持須同時依據大圓滿教示，不可將它們加以分別。

讚頌由法身至報身再至化身。由法身的觀點帶出智金剛 —— 自廣大根本虛空或空性所生的本覺智。由空性所發出的光輝，即無礙光明 —— 一切有情所起之悲心，便是由此清淨光明而體現。這便是三次第。當我們跟它們融合時，空性便即是指法身（chos sku）的真實境界；無礙光明即報身（long sku）；而遍一切有情的悲心則為化身（sprul sku）。

## 第一句：本性不變離戲勝義體

（ngo bo gdod nas mi ’gyur spros bral gyi gshi lugs）

這個修持，是從「自無始以來已經存在的清淨體性」這一觀點而進行的。這體性本質不變，遠離一切戲論，亦遠離「簡單」（這個概念），更遠離上述兩種邊見。這體性並非時有時無，它遠離一切相對；（它是）「如是」。

## 第二句：住於深明本淨童瓶身

（ka dag gting gsal gzhon nu bum sku ru bzhugs pa）

體性住於本來清淨的童瓶身。但其中並沒有時效的意味在內；它亦不住生死，其本質是永恆的活潑。

## 第三句：法身上師尊智金剛知

（chos sku’i bla ma ye shes rdo rje de mkhyen no）

憶念著這本質，我們便會憶念起我們的上師智金剛。藏文前句譯作「法身智金剛」，而 mkhyen no 則有不同的譯法。在此句中，mkhyen no 並非「我在呼喚你」或「望你能知」。反而是解作「我向你禱告」，即含有啟白的意味多於呼喚。「智」和「金剛」亦同樣重要。「智」，作為自無始以來不變的智慧，是主要的體性。當和「金剛」融合時（「金剛」具有不壞的意思），即表示不被破壞和不受改變的智慧。即然甯波車的名字是智金剛，而這個名字是法身的自我表達，我們便須明白他法身方面的示現。

## 第四句：祈賜加持於見生大信

（lta ba'u gding chen thob par byin gyis rang rlobs shig）

gding chen 意思是「祈求賜予我」，即請求加持，同時亦是請求讓這個加持能夠安住。當加持能夠安住，則理解的程度便不會改變。lta ba 即見地。我們所祈求的加持，是令見地勿失。換句話說，即是：「願我能生起深邃的正解，以令我見地勿失，祈賜我加持。」這體性周遍一切有情。譬如，當天雨下在一片土地上，雨點能灑遍土地每一角落。同樣道理，這體性也遍於一切有情之中。

上述四句讚頌，便構成第一節。由此可知，廣大體性是根本不變和本來清淨，常住於童瓶身中。在這廣大本始空性中，光明生起而成為法身（光明），即法身與報身雙運。上師的名字便代表了這體性。你可稱之為「智金剛」（Ye shes rdo rje）、「智藏」（Ye shes snying po）、「善逝藏」（bDe gsheg snying po）或「普賢」（Kun tu bzang po）；所有名稱都是一樣的。（這些名稱）表達了法界（Chos kyi dbyings）的廣大虛空，其中包含了五智、五決定和一切菩提心的功德。當我們將「智金剛」和「法身」聯繫起來，我們便明白在法身中，智慧是不壞和不變的（「金剛」是不壞和深度的表徵）。我曾在前文以大圓滿的觀點解釋過五決定。我們應當善用這些資料，祈請上師令我們對見地生起大信心；讓我們住於這大信心中，復令大信心亦安住於我們之中。

## 第五句：自性不滅雙運明淨相

（rang bzhin ma 'gags zung 'jug 'od gsal gyi tshom bu）

要訣：不單只住於本始空性中，而且要住於空性的光明中。當光明於空性中生起，便可以說它（指光明）與空性雙運。這雙運無有障礙，有如一群群（tshom bu）（物事）的匯集。tshom bu 基本上解作「不同種類」或「區分」。此處主要是指各種不同光明的存在，這些光明全依賴你精進修持，其實無非是自空性中觀照出來而已。所以，便有此 tshom bu ——眾多的「不同種類」。而所有眾多不同種類的本質，皆須歸之於一，換而言之，歸之於廣大空性與光明的雙運。

## 第六句：住於法爾五決定莊嚴

（lhun grub nges pa lnga lngan rol pa ru bzhugs pa）

當我們了悟這展現（「莊嚴」），我們便亦了悟這廣大的空明雙運。此雙運乃五決定所本。當五決定任運而成（lhun grub）時，它們便會法爾而現。在一下句我們說：「報身上師大樂金剛知」，關於大樂（bde chen），我們要明白：大樂在法性（dharmatā）虛空中，同時大樂亦包含了五智。當我們被自身的瞋、慢、貪、妒和癡所縛時，上述種種必須以五智轉化。我們須理解種種諸毒無非五智慧的體性，而五智則是報身的展現。例如，瞋恨須以大圓鏡智來清淨、慢則以平等性智、貪以妙觀察智、妒以成所作智，而癡則以法界體性智。明乎此，我們便向名為大樂金剛的上師祈禱。於憶起「大樂金剛」這名字之際，當下我們便應了悟報身的真實體性。

## 第七句：報身上師大樂金剛知

（longs sku'i bla ma bde chen rdo rje de mkhyen no）

我已在上文解釋了此句。它指：「我向您 —— 報身上師大樂金剛 —— 祈禱，因我知道，您為了利益一切有情，不離大樂而住於圓滿報身。祈喚您的名字，使我能明白您以報身示現的體性」。

## 第八句：祈賜加持能圓修習力

（sgom pa'i rtsal chen rdzogs par byin gyis rang rlobs shig）

能理解他（指上師）的展現，能了悟他內在的自我表達，於是我們便說：「祈賜加持能圓修習力。」提及大修習力（sgom pa'i rtsal chen），是點出其與五智的關係，其實亦即是指一切的生起。於一切法的顯現中，「願我不會被執著二邊和外境所縛，且能令其各各於自性中解脫。」，這就是你所祈求的。我們亦可將修習（sgom）視作「無修」。這點很重要，因為這是指我們當下能得見地，而非經過有作意的修習，或想盡辦法去觀想出某樣事物。修習應該是任運自然的，不應勉強或刻意；切記這一點，因為當我們談到大力（rtsal chen）時，只有在無修無整的情形下，種種顯現方能自大力中生起。

在第二節（即第五至第八句）中我們稱呼他（上師）為大樂金剛，因為我們知道他所示現的報身，光明燦爛地展現了五功德、五決定和五圓滿。你心中所想召喚的，都以無量無邊的姿態出現。這光明沒有障礙，超越了一切邊見和範限。此清淨光明是從我們種種修持體驗中所得，所有這些光明都被我們說的「報身」所含容。我們跟著便請他賜予加持，使我們能得修習的大善巧，即無作意的行為。

### 第九句：無邊本智與無偏大悲

（thugs rje phyogs lhung bral ba mtha’ grol gyi ye shes）

此句頌文，兼指上師的無緣大悲和第三階段，即由空性的本始體性中，生起無有障礙的光明。此光明將悲心遍照於六道的一切有情，我們更可深深地體會到：三世一切有情，皆有證得菩提的淨明覺性。這無邊亦無偏的悲心，便是智慧的自然流露。它是完全離開一切戲論或名言的。

### 第十句：住於周遍赤裸明空性

（kun khyab rig stong rjen pa’i ngo bo ru bzhugs pa）

我們祈喚上師，他對赤裸覺性能圓滿體悟，並住於這無整治而離戲論的圓滿體悟中。我們又體會到空性中，周遍赤裸覺性的體相。我們進而體會到澄明赤裸覺性與空性雙運，此雙運周遍地住於一切法。上師的覺性亦即我們的覺性，但若要對光明能有所醒覺，我們便須依次第修行。

### 第十一句：化身上師尊伏趣洲知

（sprul sku’i bla ma ’gro ’dul gling pa de mkhyen no）

我們體會到上師與空性和光明雙運：「伏趣洲尊！請依一切眾生所求，無分別而化現，賜此加持予我們。」祈喚伏趣洲尊，是為了利益無量無邊如虛空的父母有情。因此，「您

—— 我的尊貴上師，所作皆為利益一切有情，請賜我加持，使我能明白您化身的顯現」。

## 第十二句：祈賜加持事業大成就

（spyod pa'i bogs chen 'byongs par byin gyis rang rlobs shig）

這句意思是：「願我的事業能像您（上師）的事業一樣，永遠增上和完全利益眾生，更願我所行皆如您所行。請將大圓滿的正解賜給我們。」當我們說「行」（spyod pa）時，所指的是見、修和行三者。所以，我們所求的加持，即是我們一切的事業，包括見、修和行在內，都合於大圓滿的「大見」，而它們都不會互相衝突，亦不會和我們日常的行為與瑕疵混合。「願我能得和悅與成就，不求自利而利他」，令我體會展現就是展現。

在第三節，我們察知上師是伏趣洲尊，他是化身的示現。現在，法身和報身的雙運，生起成為化身中的悲心。瞭解這一點，我們便能了悟我們的根本覺，和上師的根本覺已無二無別，且周遍一切有情。牢記這一點。這根本覺（rig pa）是赤裸裸的，沒有任何修整、增減，離複雜和單純。這根本覺亦周遍一切有情。我們向化身上師伏趣洲啟請：「願您利益一切有情，願您令我和大家能得圓滿的廣大正見」。

## 念誦

直至現在為止，我們一直在念誦這個修持讚頌，目的在灌輸大圓滿見。修這個法時，須要用一種很特別的念誦法。上面三節，每節四句的音調都是重複的 —— 在每一節中當念至「祈賜加持」（byin gyis rang rlobs shig）時，我們應將聲音放得更柔。事實上，聲音須經常保持溫柔。

我曾說過，這讚頌是甯波車很年輕時所作的。直至現在，念誦的方式仍大致上維持一樣，但隨著時間流逝，有些念誦也改變了少許。音調上有些微的更變，其實是隨著你的感悟而自然流露的。既是自然流露，所以便沒有甚麼不妥。故此，你可能會碰到少許的差異，但是大致上，整個念誦都是一樣的。

經過這每節四句，一共三節的讚頌後，我們的念誦便會變得很急促和簡潔，簡直好像是大聲讀出來似的。我們不斷快速而流暢地念誦下面的章節，以帶出大圓滿見、修和行的要點。而我們亦可藉著急促的念誦，與證悟相融。

## 第十三句：根本覺性不變復無遷

（rang rig gdod ma'i gzhi la 'pho 'gyur ni mi 'dug）

此句指你自己的覺性是無修整和無污染，且亦不會變動。這就是它的本質。事實上，覺性的根基，是無任何改變的。

## 第十四句：法身顯現非善亦非惡

（gang shar chos sku'i rtsal la bzang ngan ni mi gda'）

這一句，是說覺性不可以言詮的，它本來如是。一切從光明覺性中生起的，非善亦非惡，這是因為我們不會被能取所取、和「是」「非」等概念所束縛。因此，當任何知覺生起時，它們都是當下解脱。我們不用費勁去形容它們，應該任其所之。這不可言詮、本來如是的覺性，構成了心性的呈現和解脱。

## 第十五句：當下覺性即真實如來

（da lta'i shes pa sangs rgyas mngon su ma du 'dug pas）

當下的澄明覺性，其實無非是徹見了佛性。要知道現在所説的，是覺性的真實本質：我們看著這赤裸覺性的生起，但不去干擾它，亦不用任何東西去摻雜它，也對它沒有任何作意。若我們能如此，當這些知覺生起時，它們便會自解脱。現時來説，這樣做只是修持的一個次第。當然亦不是説單憑念念這一句，便能得到那樣的效果。上述種種，只是從真實本質方面，和從一切法本來如是的角度而説。這本質乃是無二 —— 離取捨、能所二邊。

## 第十六句：自在安寧上師心底現

（gu yangs blo bde'i bla ma snying dbus nas rnyed byung）

此句説「舒坦」。舒坦的意思，是不要試圖對體驗作任何改變，甚至在覺性生起時，沒有任何希求或怖畏。當我們任運自然，便會變得寬坦，我們會開始體驗到在大信心中寬坦的天地。在這任運的活動中，我們會發覺上師是在我們的心中，甚而是在這見地的中心。我們理解到上師的覺性，其實無非是我們心中的證悟覺性。blo bde 這個字並不是解作「滿足」，雖然這是一般的譯法。它應解作俱生歡喜，這是因為與見地相融為一，而遠超疑慮和得自在之故。

### 第十七句：了悟初心即上師自性

（gnyug ma'i sems 'di bla ma'i rang bzhin du rtogs tshe）

### 第十八句：毋用貪執造作諸啟白

（'dzin zhen gsol 'debs bcos ma'i sdug yus ni ma dgos）

### 第十九句：本覺任運無整離作意

（ma bcos rig pa rang bab kha yan du klod pas）

當我們徹底瞭解心性法爾和無整的本質，在這一剎那我們便會開始領悟到自己的心和上師的心已經融成一體。我們生起對心性深奧的認識，此體驗與上師自心的體驗毫無分別。所以，絕對不須要執著或排斥一些造作的或誇耀的啟白。若從世俗諦的觀點去祈禱或啟請，甚至造作出世俗所謂的「清淨」，以求體驗上師心，這根本是不必要的。同時，亦不要存在著「上師殊勝」而「自身卑下」、善或惡、淨或染等種種概念，因為上師的自性，一定是離此等戲論的。明乎此，在沒有任何造作時：「願我心性的自然境界真實如是，任運無整。」這就是第十九句的意義。

### 第二十句：隨起捨得自解脫加持

（gtad med gang shar rang grol byin rlabs de thob byung）

當我的自心不加任何造作，那麼，由心性所生起的一切無非是解脫，它（指自心）根本已解脫一切。當我們說不執（gtad med）時，是指沒有既定目的，你所做的，就是讓根本覺（rig pa）自然任運，並不是要強迫它做任何事：你根本就沒有任何特別目的去做甚麼。任何思維一旦生起便能當下解脫，就是因為了悟這一點。若能這樣，你可以說已經得到上師的加持，能令思維生起時便當下解脫。和其他宗派不同，（金剛乘）對每種五毒沒有專門的對治，例如以悲心對治瞋心等等。這個修持，只是教導當瞋或其他情緒生起時，我們便去觀察瞋心或情緒本身。在這樣做時，我們便體悟到心的真空自性及此真空自性的消融。除此之外，不必再做甚麼。既無能觀，亦無所觀，復無能所。二者皆離作意。

## 第二十一句：整治而修終無證悟日

（byas pa'i chos kyis sangs rgyas 'grub dus ni mi gda'）

如果我們只一味從事一些由世間智所造之法，則永遠不能證得菩提；對於一切世俗之生起，若你沒有勝義真實見，那麼，一切之生起亦無非只是（停留在）分別法（的層次）；若我們向身外去追尋世俗的所謂「佛」，我們永遠都不會找得到，且亦永遠都不會得到絲毫的證悟。

## 第二十二句：尋伺意度修持適自欺

（yid dprod blos byas sgom 'id bslu byed kyi dgra red）

由心識去變現或了別的「法」，始終只是世間智。這不是覺性，而是蒙蔽。譬如，當我們試圖去將所生起的種種概念加以分別，然後再去理會這些「分別」，這一切其實都是自己在欺騙自己。

## 第二十三句：邊執疑懼遣除如狂夫

（da ni ’dzin stangs zhig pa’i mdo med kyi smyon pa）

能明白上面所說的，就不會執持由心性法爾生起（的一切），和凝滯於此（一切）中。另一方面：「願我可轉化（這一切），使我能真正離貪著和執持二邊及離疑懼。」「離執持」指不執於能所。根據大圓滿見，要這樣做並沒有特殊的方式或規矩。「願我能像一個想做便能夠自由地去做的男人或女人，亦即是說，我的行為，沒有作意，沒有反覆計度，沒有能所，亦不會千方百計去製造分別。願我的行為就好像一個瘋漢，心中所生起的，便立即自然而然地做出來，率性而行」。這一句的讚頌實際是說：「願我可滅除希求和怖畏，貪著與執持等幻象」。一個瘋了的人要做就做，沒有甚麼可控制他。當念頭生起的一剎那，便付諸實行。「願我可將大見如此實行」。

## 第二十四句：此生無縛赤裸休息境

（byung rgyal gcer nyal dad la mi tshe ’di skyel gtong）

願我住於赤裸覺性中 —— 沒有執著於能所，甚至不執著於自我，亦沒有希求和怖畏。願我能如是渡過此生。

## 第二十五句：大圓滿行者所作歡喜

（gang ltar byas kyang dga’ ’o rdzogs chen gyi rnal ’byor）

當我具足正見，無貪著或執持，和不耽於得失時，我的行為便是任運、具樂及與大圓滿的教法相合。此時，要緊記著你已沒有任何貪求愛欲，你的行為沒有被世間智所生起的分別心污染。因此，你所展現的行為亦無非是赤裸覺性的展現。

## 第二十六句：蓮花生子嗣和悅眾生

（su dang 'grogs kyang skyid do pad 'byung gi bu rgyud）

無論遇見任何人，或身邊是甚麼同伴，我都是喜悅的。為甚麼你會喜悅呢？「喜悅」並不是字面所指心中一般的喜悅體驗。你喜悅是因為你不再墮於自欺的沉淪。你已經沒有「敵」「友」的概念，亦不會以分別心去評價任何人。你喜悅是因為你與尊貴的蓮花生大士甚深教法結下善緣，同時，因你秉繼了他的傳承，你便成了他的子女，並會繼續宏揚這個寶貴傳承的教法以利益眾生。因此，無論你遇見任何人，或身邊是甚麼同伴，你都是喜悅的 —— 置身於澄明覺性真實中的喜悅。

## 第二十七句：無敵怙主為取巖上師

（mgon la 'gran zla med do gter chen gyi bla ma）

對於怙主或上師來説，沒有任何事物更勝於偉大的取巖上師，後者是蓮花生大士自己的智慧身、語、意之直接示現。作為這樣一位化身，同時亦是諸佛悲心和無礙大行的授記示現，所以便無人能超越取巖上師的無量功德和當下加持。他亦是經授記的取巖者，今世和後世的永恆怙主，所以我們理解他利益一切有情的如來事業，了悟他的直指人心和無比功德，我們認知他是無二怙主和上師。

## 第二十八句：無上教法空行母心要

（chos la do zla med do mkha' 'gro yi snying thig）

沒有一個教法，比《空行母心要》（mKha' 'gro snying thig）更加偉大。它包含了大圓滿當下證悟（的教法）。這些教法，都是空行母無生的內本始智。它的清淨、深度和珍貴，直比得上在心中清淨了的寶血精髓。心中最清淨不可思議的提煉，即心中明點，就是最勝明點或心髓。這最勝明點亦繼而融於勝義澄明的覺性中。

## 第二十九句：無明住處遣心暗無明

（rmongs chen snying gi mun pa rang mal du sangs nas）

我們心中自無始時以來便存在的廣大黑暗妄念，能法爾清淨於其本智之中。通過生起次第（skyed rim）的觀想、圓滿次第（rdzogs rim）和金剛乘的灌頂，習氣及分別心等障蔽遂得以清除。根據大圓滿直指人心的直指教授（與其他宗派之教法不同），我們便不須要找尋對治。相反，我們更將諸如瞋、恨、貪等毒，置於修行道上，以轉化它們歸於本始清淨。因此，所有心識的變現，於離能持與所持這兩種邊見時，能被體認和法爾清淨地入於覺性的無整光明中。

## 第三十句：澄輝大日不滅光常照

（'od gsal nyi ma 'grib med khor yug tu 'char ba'i）

這覺性的光明其實無非大圓滿見。澄輝（'od gsal）指大圓滿的教法，即如大日與日光的密不可分一樣。不受干擾的覺性，（如太陽之）永恆照耀，沒有任何退失地利益一切有情。

## 第三十一句：上師如父慈心賜福德

（skal bzang 'di ko pha gcig bla ma yi sku drin）

根本覺，實在是我們之父 —— 上師的廣大慈心。我衷心體會和明白到這個善妙的時間和際遇，完全是我們唯一之父（指上師）悲心的展現。「一切賜予我的加持和證悟，無非是您廣大慈心中滄海一粟而已」。

## 第三十二句：深恩難報一心憶上師

（drin lan 'khor mtha' med do bla ma rang dran no）

「謹記著這恩典 —— 因為這深恩永難報答，如有恆常旋轉的巨輪，無始亦無終。願我永憶欠負上師的深恩於心中」。在這裡，我們要理解到上師將大圓滿甚深道教授給我，乃是上師無量慈悲的展現。大圓滿的光輝，恰如日光般無有阻礙且遍滿虛空中一切法。「您賜予我力量和加持，使我和您融成一味，並住於您心中無二無別的雙運，我唯一之父，您對我的恩德，是我不能用言語去形容的。有鑒於此，我再三憶念您 —— 上師的恩典」。

## 後記

《遙啟上師讚頌》為西藏密宗甯瑪派法王敦珠無畏智金剛所造，收入《敦珠新寶藏》，曾翻為英文。過去亦有人據英文轉翻的漢文舊譯，然而卻未能盡愜人意，略有瑕疵。何則？以此實為「大圓滿」法系讚頌，而譯者於此法系則尚有隔也。

今新譯甫成，譯者持之求證於余，余小心對比原頌，略作修飾，可證信曰：此譯已能得讚頌主旨。

本頌有一副題 ──《自性流露祈禱文》，此中所云「自性」，實專指「大圓滿自性」，亦即無整治無作意的自性。何以祈禱？實為求覺性而祈禱，於是行者便將上師視為覺性的表徵，向之祈禱；然而如何祈禱耶？則行者須無整無作而祈禱，是即為任運流露。這便是本頌副題的涵義。

頌中讚頌上師，分法報化三身來讚頌，此即攝涵「大圓滿」的三句義：「體性本淨、自相任運、大悲周遍」。此三句義依次表述佛法報化三身功德。上師雖未成佛，然而卻不妨以其三身功德視為佛三身功德的表義。若行者對此有疑，那就是有整治作意而非任運矣。

因此整篇讚頌，雖云「遙啟上師」，實際上卻是遙啟三身佛以求證覺。若以為這只是普通的上師讚頌，便易失去所涵的「大圓滿」法義。

在本頌中，用三個名字來讚頌上師 ── 智金剛、大樂金剛、伏趣洲，即是分別表出「大圓滿」的三句義：智即般若，是能證心性本淨；大樂是報身所證；伏趣（調伏六趣有情）是化身的大悲。由此即可知這並非普通的上師讚頌。所以，這是藏密甯瑪派高層次的修習，而非一般加行法中的上師瑜伽（與上師相應的修習）。

今人談「大圓滿」，喜談「當下離垢」，卻不知此境界非率爾能至，因為離垢的心識境界，實已由凡夫的藏識變為聖者的空不空如來藏，是故必須經歷重重次第的修習始能離垢。本讚頌即為修習而造，是故都非泛泛之言。若行者於修習此讚頌祈禱時能親切地讚頌上師的三身功德（倘如直接讚頌佛三身功德便可能沒那麼親切了），那麼，便有可能於修習時親自體會「大圓滿」三句義的境界。故此修習實即「當下離垢」的基礎。

談錫永 乙亥圖麟都初雪

༄། །ཐེག་མཆོག་གསེར་གྱི་འཁོར་ལོ་རྗེ་བས་སྐྱོང་ཅན།
།ཐུབ་བསྟན་སྙིང་བཞིའི་མཁའ་ལ་ཡོངས་འཕགས་ཏེ།
།འཇིགས་བྲལ་ཆོས་ཀྱི་རྒྱལ་སྲིད་འགྱོར་བའི་དཔུང་།
།ཕྱོགས་ལས་རྣམ་རྒྱལ་བཀྲ་ཤིས་དཔལ་འབར་ཤོག །

ཧཱུྃ་ནས་སོ། ༎

༄། །མདོ་སྔགས་ཆོས་ཚུལ་ཚང་ལ་མ་ནོར་བ།
།མཁས་ཤིང་གྲུབ་པ་བརྙེས་རིག་འཛིན་བརྒྱུད་པའི་སྲོལ།
།ཐུབ་བསྟན་སྙིང་པོ་གསང་སྔགས་སྔ་འགྱུར་བའི།
།བསྟན་པ་འཕེལ་ལ་རྒྱས་འཛམ་གླིང་ཁྱབ་གྱུར་ཅིག །

མི་ཕམ་པས་སོ། །

༄། །མཁའ་ཁྱབ་ཡེ་ཤེས་སྙིང་པོ་བདེ་བ་ཆེ།
།འཕོ་བྲལ་རྡོ་རྗེ་སྙིང་པོ་གཉུག་མའི་གཞིས།
།འགྲིབ་མེད་འོད་གསལ་ཉི་ཟླའི་སྣང་ཆེར་འཛུམ།
།སྲིད་པའི་ཁམས་འདིར་མཛེས་པའི་དཔལ་དུ་ཤོག །

ཧཱུྃ་ནས་སོ། །

# 教法傳播祈禱頌

無上乘千輻金輪
四部洲天際昇起
願無畏法王大力
於十方放射吉祥

智金剛造（其一）

經咒道圓滿無誤
持明傳承須認證
法體咒道舊傳承
增長流傳遍世界

不朽造（其二）

大樂虛空藏遍虛空
本體金剛藏無變易
願無暗澄光如日月
吉祥莊嚴此有情界

智金剛造（其三）

༄༅། །པདྨའི་རིང་ལུགས་སྤྱི་འགྱུར་རྫོགས་པ་ཆེ།

།ངེས་དོན་སྙིང་པོ་ཨེ་ཞིང་ཧ་བདུད་འདོམས་སྨིང་།

།གང་གི་ཟབ་གཏེར་བསྟན་པ་སྲིད་མཐའི་བར།

།མི་ནུབ་བཤད་དང་སྒྲུབ་པས་འཛིན་གྱུར་ཅིག །

ཅེས་རིགས་གསལ་མིང་འཛིན་མཁྱེན་བརྩེའི་སྨྲ་གུས་སོ། །

༄༅། །ཕན་བདེ་འབྱུང་བའི་གཉེན་གཅིག་པུ།

།བསྟན་པ་ཡུན་རིང་གནས་པ་དང་།

།བསྟན་པ་འཛིན་པའི་སྐྱེས་བུ་རྣམས།

།སྐུ་ཚེའི་རྒྱལ་མཚན་བརྟན་གྱུར་ཅིག །

# 教法弘揚四方祈禱文

摧魔洲尊者之子

兼法嗣智悲芽造

蓮師傳承前弘大圓滿
摧魔洲為究竟法義乘
輪迴未空願此甚深法
藉學與修弘揚令不絕

# 祈禱上師長壽頌

願得利樂依怙源
願佛教法長住世
願樹長壽勝利幢
願師持教恆堅穩

༄། །རྒྱལ་བ་ཀུན་གྱི་ཉེ་ལམ་གཅིག་པུ་རུ།
།རྒྱལ་བས་ཡོངས་བསྔགས་ཐེག་མཆོག་རྫོགས་པ་ཆེ།
།རྒྱལ་དབང་པདྨའི་རིང་ལུགས་སྔ་འགྱུར་བའི།
།རྒྱལ་བསྟན་ཕྱོགས་མཐར་ཁྱབ་པའི་བཀྲ་ཤིས་ཤོག །

༄། །སྟོན་པ་འཇིག་རྟེན་ཁམས་སུ་བྱོན་པ་དང་།
།བསྟན་པ་ཉི་འོད་བཞིན་དུ་གསལ་བ་དང་།
།བསྟན་འཛིན་ཕུ་ནུ་བཞིན་དུ་མཐུན་པ་ཡིས།
།བསྟན་པ་ཡུན་རིང་གནས་པའི་བཀྲ་ཤིས་ཤོག །

༄། །བསྟན་པའི་དཔལ་གྱུར་བླ་མའི་ཞབས་པད་བརྟན།
།བསྟན་འཛིན་སྐྱེས་བུས་ས་སྟེང་ཡོངས་ལ་ཁྱབ།
།བསྟན་པའི་སྦྱིན་བདག་མངའ་ཐང་འབྱོར་པ་རྒྱས།
།བསྟན་པ་ཡུན་རིང་གནས་པའི་བཀྲ་ཤིས་ཤོག །

༄། །དེ་སྟེང་ཕན་བདེ་མ་ལུས་འབྱུང་བའི་གནས།
།ཐུབ་པའི་བསྟན་པ་སྤྱི་དང་ཁྱད་པར་དུ།
།སྔ་འགྱུར་འོད་གསལ་རྡོ་རྗེ་སྙིང་པོའི་སྲོལ།
།ཕྱོགས་དུས་ཀུན་ཏུ་དར་ཞིང་རྒྱས་གྱུར་ཅིག

ཛྙཱ་ནས་སོ། །

# 吉祥祈禱讚頌

智金剛　造

諸佛陀之唯一成佛道
佛共許之無上大圓滿
勝利王蓮花生舊譯乘
願教法十方吉祥弘播

以佛陀曾示現於此土
其教法實光輝如大日
願持教者和睦若兄弟
願教法得吉祥長住世

頂禮弘法上師蓮花足
願所弘法遍布於世界
願護法者豐饒廣增長
願教法得吉祥長住世

願能利樂有情無一餘
願佛所傳共不共教法
願明淨金剛性舊譯乘
增長弘揚三時十方界

༄། །འཛམ་གླིང་སྤྱི་དང་ཡུལ་ཁམས་འདི་དག་ཏུ།
།ནད་མུག་མཚོན་སོགས་སྡུག་བསྔལ་མིང་མི་གྲགས།
།ཆོས་ལྡན་བསོད་ནམས་དཔལ་ལ་འབྱོར་གོ་དང་དུ་འཕེལ།
།རྟག་ཏུ་བཀྲ་ཤིས་བདེ་ལེགས་ཕུན་ཚོགས་ཤོག །

༄། །མཁན་སློབ་ཆོས་གསུམ་རིང་ལུགས་ཆེ།
།འཛམ་གླིང་ས་གསུམ་ཁྱབ་པར་འཕེལ།
།འགྲོ་རྒྱུད་མཆོག་གསུམ་སྣང་བ་དང་།
།མི་འབྲལ་དུས་གསུམ་དགེ་ལེགས་ཤོག །

རྫོགས་སོ། །

# 息災增益祈禱頌

願此世界願此諸國度
饑病戰苦之名亦不聞
願福德功德豐饒增長
願恆具福莊嚴佛道成

# 祈禱甯瑪傳承長住讚頌

智金剛　造

堪布阿闍梨法王大傳承
願既增長且遍現於三界
願三寶顯現與有情心識
無分別莊嚴聖眾遍三時

（譯按： 堪布指寂護，阿闍黎指蓮花生，法王指赤松德贊）

# 附錄

# 《大圓滿深慧心髓前行念誦儀軌．顯示遍智妙道》

ན་མོ་གུ་རུ་བྷྱཿ
• 南無咕茹白

大圓滿深慧心髓[1]前行次第日常修持之法者：

初黎明時，觀前方空中，現出根本上師鄔金大金剛持之相[2]，眾勇士空行周匝圍繞。彼等手搖小鼓，鼓聲自然成為咒音，催喚行者。行者於是蘇醒。觀自身如本尊，住於佛剎，從中顯明而起，心間上師循中脈升至頂上空際，光輝旋繞，喜悅而住，以撼攪愚癡昏睡之妙音而訓曰：

嘻唏嘻唏有緣之佛子　勿為無明愚癡力所轉
生大精進即刻當起身　無始時來以至於今日
無明癡眠如久已足矣　現勿復睡三門勤修善[3]
生老病死痛苦不知耶　今日機緣亦不會常有

1 大圓滿深慧心髓：甯瑪巴大圓滿教派中最負盛名的一支為「隆欽甯提」，譯義「深慧心髓」。是持明大師傑美林巴（無畏洲）之心要。
編按：本書依嚴定法師譯例，將此法門之名稱譯作「大圓滿廣大心要」。有關 "*Klong chen snying thig*" 的各種譯名，參導論。

2 根本上師鄔金大金剛持之相：體性為自之傳承根本上師，身色、容貌、嚴飾、坐姿等則如鄔金大金剛持。鄔金大金剛持乃鄔金蓮花生大師的一種顯現。

3 三門：身、語、意。

精勤修持之時已降臨　今是唯一修習永樂時
非是懈怠放逸而住時　當念及死修行至究竟
來日無多死緣難思量　其時若未得不懼信念
爾活在世尚有何意義　諸法無我空而離戲論
如幻如化如夢如陽燄　如泡如影如彼尋香城
亦如水月谷響空花等　幻境無實有似此十喻
輪涅諸法如是當覺知

誦：

ན་མོ་གུ་རུ་བྷྱཿ　ན་མོ་དེ་ཝ་བྷྱཿ　ན་མོ་ཌཱ་ཀི་ནི་བྷྱཿ

• 南無咕茹白　南無待瓦白　南無札格尼白

繼而行者身具要儀，九呼濁氣[4]已稍作休息，心識安適而住，成禪定器。初，加持氣者：自然鬆緩吸氣，觀氣白色，誦「嗡」；氣內住時，色紅，誦「阿」；氣外呼時，色藍，誦「吽」。如此三字金剛誦[5]二十一遍或隨宜而修。次，加持語者，如教所云而觀：

嗡阿吽
舌根རཾ字生火燃燒已　化成紅光三股金剛杵
杵孔中列似珠鬘字者　阿哩嘎哩周圍緣起咒[6]
咒放光供諸佛菩薩喜　迴光觀想語障得清淨
證語金剛加持諸悉地

4　九呼濁氣：分別從右鼻孔、左鼻孔、雙鼻孔各外呼三次代表貪瞋癡三毒之濁氣凡九次。具有身要、 氣要、觀要，詳從師授。

5　三字金剛誦：一種轉業劫氣為智慧氣之方便。有加行位之金剛誦與正行位之金剛誦之分。詳從師授。

6　阿哩嘎哩周圍緣起咒：阿哩，指「阿阿、依依......」十六字，為梵文元音字母；嘎哩，指「嘎卡噶咖額阿......」三十四字，為梵文輔音字母；緣起咒，指「耶達爾瑪......」之咒。

ཨ་ཨཱ། ཨི་ཨཱི། ཨུ་ཨཱུ། རི་རཱི། ལི་ལཱི། ཨེ་ཨཻ། ཨོ་ཨཽ། ཨཾ་ཨཿ

• 阿阿　依依　悟悟　日日　哩哩　愛愛　哦哦　昂阿（七反）

ཀ་ཁ་ག་གྷ་ང༌། ཙ་ཚ་ཛ་ཛྷ་ཉ། ཊ་ཋ་ཌ་ཌྷ་ཎ། ཏ་ཐ་ད་དྷ་ན།
པ་ཕ་བ་བྷ་མ། ཡ་ར་ལ་ཝ། ཤ་ཥ་ས་ཧ་ཀྵ།

• 嘎卡噶咖額阿　乍察咱咋釀阿　吒岔貶渣拿阿
  大榻打嗒那　罷帕把巴麻　雅日阿拉瓦　夏卡薩哈洽
  （七反）

ཨོཾ་ཡེ་དྷརྨཱ་ཧེ་ཏུ་པྲ་བྷ་ཝཱ་ཧེ་ཏུནྟེ་ཥཱན་ཏ་ཐཱ་ག་ཏོ་ཧྱ་ཝ་ད་ཏ།
ཏེ་ཥཱཉྩ་ཡོ་ནི་རོ་དྷ་ཨེ་ཝཾ་ཝཱ་དཱི་མ་ཧཱ་ཤྲ་མ་ཎཿ ཡེ་སྭཱ་ཧཱཿ

• 耶達爾瑪　嘿杜札壩瓦　嘿吨待看達塔噶墮　哈雅瓦待
  待看札月尼茹達　愛旺把的　麻哈夏日阿麻那耶娑哈
  （七反）

復次，如本法云：

**上師知**[7]

7　上師知：大義是「我從今起，至心皈依上師您，身心受用、福德善根等，統皆無餘、無所顧忌供養您。今後我之苦樂善惡、輪涅沉浮，能否成就、如何成就、何時何地成就等，悉交托於您，您為作主！如何安置於我，讓我做牛做馬，或成佛作祖等，一切您看着辦，一切您知道！」
「上師知」是祈禱句，語含敦促、哀求。內藏「祈禱上師悲心照拂，勿忘我，勿捨我，速速救拔我」之義。非是通常陳述句之「上師具足大智，什麼都知道」之義。
行者果能至誠皈依上師，無餘交付上師，除上師外，別無所有與所思，匍匐委地，涕泗滂沱，以極其誠摯、急切、悲愴之情反覆不斷地緣想上師而念此三字禱文，定得感應道交，獲不可思議加持與撫慰。下文之「蓮師知」、「遍智知」、「尊等鑒知」、「祈師鑒知」等皆同此義。

呼喚三遍後，以極其誠摯之心誦：

心間信心蓮花蕊開敷　唯一怙主恩師請上升[8]
於業煩惱猛利所逼者　薄福之我垂施救護故
請住頂上莊嚴大樂輪　以正知念祈請尊上升

若欲廣行，則高呼上師：

仗尊恩德刹那間　　使我生起大樂者
有如大寶上師身　　金剛持足蓮前禮
上師佛陀上師法　　如是上師亦僧伽
佛法僧三悉上師　　上師身語意前禮

下為遍智尊者語教：

為諸導師所遺棄　　漂流惡趣險地我
解脫道中妙合者　　大舵手尊聖前禮
處與非處不知曉　　長時徘徊道非道
黑中之尤黑暗者　　似我明燈尊前讚
見尊身故覺受變　　即已入寂之餘屑
經云亦消無間業　　結緣有大利前禮[9]

《厚嚴經》云：文殊師利，於何方所，見有說法之人，或彼遺骨，或其屍骸，亦能清淨五無間業。

---

8　恩師請上升：請恩師從我心蓮月墊上沿中脉而上升至我頂上虛空際。

9　結緣有大利：於具德上師之身、語、意、舍利、骨、髮、甲、衣、物、住所、畫像，乃至上師以身、或語、或意加持過之地、物、人、事等，無論是以信、敬、禮、供養、讚頌、祈禱、緣想，乃至見、聞、觸摸等緣與之發生關係，皆能獲得加持與佛法利益。

聞尊語故知取捨　　惡行深淵得救護
滅諦道諦之體性　　聞即解脫音前讚
我雖勤修難解脫　　尊垂念故頓成熟
若具敬信得證悟　　離戲難量聖前禮
三無央數精進行　　種種苦行調諸根
亦難證之金剛心　　無謬直指師前禮

《上師精髓》[10]中云：

上師佛陀大珍寶　　我無其他希冀處
請以大悲眼顧視　　度予出此輪迴海
此生諸善願悉成　　魔障留難皆無有
死際識持深光明[11]　　度我超脫中陰險
身語意三一切行　　永遠利益於他者
令從今日善惡緣　　轉為殊勝菩提道
我雖精進難渡故　　怙主尊之大悲舟
請載無怙我等眾　　令登解脫洲彼岸
無論是誰或敬我　　或慢或譏任何作
願彼罪空煩惱盡　　三有愛河永枯竭
隨時願僅以我名　　圓滿眾生諸欲求
充滿十方國土中　　供養雲雨普施降
祈願憑藉此善行　　俾令一切具身者[12]
超脫三有證二智　　二利任運得成就[13]

---

[10] 編按：*Bla ma yang thig*，本書導論譯作「上師心髓」。

[11] 死際識持深光明：死時出現之光明即甚深法性實相光明，祈願其時能夠認識并與之契入。

[12] 具身者：指一切六道眾生。

[13] 二利：自利、利他或自度、度他。

如是從內心深處以極其殷切至誠之情，隨文思義而作祈請。

## 正式前行

有二：共同前行、不共前行。

## 初，共同前行

六類所緣[14]總匯為一而修持者，當如是作意：

八無暇之反面八有暇；暫起八無暇及心絕八無暇之反面二八為十六有暇，如是有暇共為廿四，加上特別十圓滿，暇滿之法總為三十四。無論從因、喻、數等處，任如何思維，如是暇滿之法，皆極難得，有如鄔曇羅之花。現既獲得能於此生，或僅年月即證佛地之所依者 —— 色身，究為真耶？夢耶？當諦實觀之。雖如是獲得，然而，外器世界，貌若堅硬，及至七火一水破壞之劫，縱僅微塵，亦不餘留；內情眾生，生而不死者，亘古曾未見有一例。自亦絕死無貸，即於今晚不死之把握亦無有也。死際除非清淨佛法，其他一無所益，唯隨此生所造善惡諸業而行。惡業投生三惡趣處，受彼難以忍耐之苦中之苦；有漏善者，雖生三善道中，亦不能超越壞苦及普遍行苦。故今無論如何，亦須從此輪迴痛苦大海中求得解脫。為此，當以三歡喜門[15]而依止具德善知識，凡所教誡、取捨之處，不生疑難，不為惡友左右。每日盡力行

14 六類所緣：暇滿難得，人壽無常，業果不爽，輪迴是苦，解脫勝利，依善知識。

15 三歡喜門：上等，以實修為供養令上師歡喜；中等，以身、語奉侍上師作為供養令歡喜；下等，以財寶等供養令上師歡喜。

持，認真思維決定當死之理。

於上師三寶前，我之身口意及一切福德受用善根等，完全交付，無餘供奉，以決定皈依故，上師三寶遍知，自會隨機加持，俾令我之一切願行皆獲成就，如是思維、祈禱而生決定信心。復於生死輪迴生起猛利出離心，決定調伏自心，而於下諸偈隨文思義以誦之：

思暇滿難得：

地獄餓鬼畜生長壽天　具諸邪見邊地蔑栗車
無佛出世盲聾瘖啞等　離八無暇今悉得暇滿[16]
諸根具足為人生中土　未犯無間信教五自圓[17]
值佛出世說法教住世　善師攝受入佛清淨道
五自圓上五種他圓滿[18]　十圓滿法我已圓滿具
然而眾緣無定捨壽後　即得趣往陌生他世間
願轉心念向法蓮師知　不置卑劣謬道遍智知[19]
示無二義大恩上師知

從因門思難得：

現前有暇若不作有義　今後難得此修解脫身

[16] 八無暇：即文中提及的：地獄，餓鬼，畜生，長壽天，具邪見、世智辯聰，邊遠野蠻無佛法地區、蔑栗車，無佛出世，盲聾瘖啞、五根不全這八種不能聞修佛法的惡緣。

[17] 五自圓：自身所具備的可以修學佛法的五種內因：投生為人，諸根具足，生中土（指有佛法地區），未犯無間罪業，敬信佛法。

[18] 五種他圓滿：修學佛法的五種有利外緣：值佛出世，佛說法，教法住世，善知識攝受，願入佛道。

[19] 卑劣謬道：謬道，指一切魔道、邪道、外道；卑劣，指小乘，乃至一切不了義乘。

從喻門思難得：

上三善道福祿報盡時　捨壽即得漂淪下惡趣
善惡不分不聞妙法音　孽重不見善士大悔恨

從數門思難得：

但於有情數之與次第　觀得人身了了無有幾
得亦行惡不入正道法　如法修習寥若晨晝星
願轉心念向法蓮師知　不置卑劣謬道遍智知
示無二義大恩上師知

暫起八無暇：

倘若已登人道大寶洲　妙暇依中卻藏禍毒心
便成不宜修行解脫身　特別魔持五毒作騷擾
隨順惡行懈怠而散逸　作役奴僕無權修佛法
或者為求保佑佯修法　癡等暫緣所起八無暇[20]
法之仇敵與我相遇時　願轉心念向法蓮師知
不置卑劣謬道遍智知　示無二義大恩上師知

心絕八無暇：

厭離心弱不具足信財　貪欲繩索纏縛現行粗
於惡不善無慚犯無間　戒律敗壞三昧耶毀失
如是心絕法緣八無暇[21]　法之仇敵與我相遇時

---

20　暫緣所起八無暇：暫時出現的八種與佛法隔絕的機緣：身藏禍毒心，為魔鬼攝持，五毒騷擾，隨順惡行，懈怠散逸，作役奴僕，為求名利、保佑而修，愚癡。

21　心絕法緣八無暇：從自心方面生起的八種與佛法隔絕的機緣：缺乏厭離心，不具足信仰，貪欲緊纏，行為粗惡，不顧忌邪惡、於諸罪業無慚無恥，廣作無間惡行，敗壞戒律，毀犯誓句（三昧耶戒）。

願轉心念向法蓮師知　不置卑劣謬道遍智知
示無二義大恩上師知

思有為無常：

現前病及諸苦未逼惱　亦非身不由己奴僕等
若得自在緣起合會時　逸怠之中糟蹋暇圓滿
莫說眷屬財富受用者　即此珍愛所執之色身
亦當離家被棄空野地　野干狐鷲咀嚼撕食際
魂蕩中陰恐怖極巨大　願轉心念向法蓮師知
不置卑劣謬道遍智知　示無二義大恩上師知

思業果不爽與輪迴是苦：

善惡業報異熟緊後隨　尤其若墮地獄世間中
熱鐵地上兵刃碎身首　鋸子解肢火燃鐵錘榨
無門鐵室裹封大嚎哭　焰熾刑戟貫身烊銅煮
遍處火焚燃燒八熱獄　厚雪山邊冰凍峽谷間
可怖境處暴風雪凜冽　刺骨寒風咆哮損容顏
皮膚起疱冷氣吹疱裂　淒慘呻吟悲嚎聲不絕
領受地獄難忍之痛苦　精神耗散有似死時病
長吁嘆息齒顫肌膚破　肉潰分裂如蓮八寒獄
復次鋒刃道路刺雙足　利劍林園斷切獄囚身
驅入屍糞熗煨無極河　沉淪苦逼此乃近邊獄
苦樂時變附門柱等魂　常被役使奴用孤獨獄[22]

[22] 孤獨地獄：墮此獄中之眾生，住處、苦樂等無有一定，或晝樂夜苦，或動苦靜樂。有巖穴間壓榨，頑石內悶閉，有冰凍裡僵化，沸泉中炖煮，有烈火內焚燒，樹木裡裹封等等多種。或有神識粘附於杵臼、掃帚、瓦罐、門、柱、灶、繩、蘑菇、木耳、瓜果等等之上或之中不能離開，失去自在者。人們一旦杵臼舂米，掃地關門、炊火做飯、伐樹食菇等，彼等眾生便生起較剝皮抽筋、撕肝裂膽尤痛苦百千萬倍之極苦、極極苦。

十八地獄生起因維何　乃為瞋恚我起瞋恚時
願轉心念向法蓮師知　不置卑劣謬道遍智知
示無二義大恩上師知

復次貧匱無有歡喜處　飲食受用名字亦不聞
經年累月忍飢餓鬼身　無力立起憔悴具三苦[23]
斯報業因乃為慳吝貪　相互廝殺吞噬極惶恐
為人役使疲累昧取捨　逼迫承受無邊淒楚種
乃為癡暗流浪癡暗我　願轉心念向法蓮師知
不置卑劣謬道遍智知　示無二義大恩上師知

認識自過：

雖入法道不護罪惡行　習學大乘卻捨利他心
得四灌頂不修生圓次　於謬道中上師祈度我
正見不達妄仿瘋瑜伽[24]　修持散亂自詡徒口舌

---

23 三苦：餓鬼之苦可分三類，一、外障苦：居住於石子灘、荊棘叢等穢惡之處。夏月如日般熱，冬日如月般寒，輪番受彼極熱極寒之苦。財寶資具等一貧如洗。飲食衣物等名字亦無有聞。成年累月忍飢挨餓，求食不得；焦渴難忍，滴水不見。故而皮包骨頭、枯槁無肉，即連站起之力亦喪殆盡。或遠見水流、果樹等可飲食者，然手足纖細如茅草，肚腹巨大賽雲鼓，脖子撐不住腦袋，雙腿支不起膨腹，步履蹣跚來至其處，水流瞬間變成萬丈深淵，果樹頃刻盡為焦木枯枝，或有不變失者，亦為眾多披甲持刃者守護，近前不得，反遭毆打。二、內障苦：口如針眼般大小，喉似馬尾毛般細長，即使水多若大海，亦只能望洋興嘆；或點滴納入，尚未至喉，便為口之熱毒蒸乾，即使不蒸乾，咽下些許，亦永遠無法滿足廣若平原般之大腹所需。戚戚餓鬼之身，五內俱焚，七竅生煙，苦不堪言。三、密障苦：每個餓鬼體內身上，皆有無量毒蟲居藏而咀嚙其腠理臟腑。此等蟲彼此會遇時，便生瞋恚，互相撕咬打殺。區區餓鬼之軀，又成蟲類寄生飲食之園和殺敵戰場。喉部尚生有癭疣，不斷流淌惡膿，餓鬼便以此權作充飢，慘不忍睹。
餓鬼總分為地居餓鬼與行空餓鬼兩類，此上三苦僅指散雜地居之餓鬼。行空餓鬼別有他苦，一樣難忍，餘處詳。

24 瘋瑜伽：修習密乘甚深行禁行、明禁行、平等禁行等密法時，身語意三業進入不可思議、無掛無礙之大任運境界，一切是非善惡、苦樂順逆之所緣，悉皆攝歸為無是無不是、無可無不可之大平等解脫道用。癲瘋病人無顧忌、無分別，大瑜伽士到此境界，亦無忌憚疑悔、執着分別。一切自然，全無掛礙，略似癲瘋，故名。

行為錯誤不思自過失　　於偽學中上師祈度我[25]
明朝死猶貪衣財家屋　　年歲老大亦不思出離
寡聞卻誇有德生驕慢　　於無明中上師祈度我
為惡緣轉仍思憒鬧處　　住阿蘭若心續如樹硬
言曰調伏貪瞋未摧毀　　於八法中上師祈度我[26]
祈請俾令速醒此癡睡　　祈請俾令速離此暗獄

## 次，不共前行

### 一、皈依

為令自他一切有情於如是可怖輪迴痛苦中度脫之故，當皈依上師三寶。作此思維之大士夫，應如是作觀：

自所住地，悉為各種大寶所成，於如是悅意美麗之剎土上，有如意樹，支分為五，花葉果實，豐茂圓滿，遍虛空際，而以大寶瓔珞鈴網等為作莊嚴。於其中支上，有獅子所抬之大寶座，上有雜色蓮花，日月為墊，上坐總集諸佛體性之根本上師鄔金大金剛持，身色天藍，手執鈴杵，天衣骨飾，金剛趺坐。懷擁海王佛母，母身色白，手持顱鉞。其之頂上，歷代大圓滿傳承上師層層疊坐，其他諸根本傳承聖者上師，及與六大續部[27]相關之本尊壇城聖眾、無量無邊之三處[28]勇士空行，周匝

25 偽學：此處特指佛門內高談闊論，毫不修習；或諂媚善信，騙取財利等佛油子、奸詐之徒。彼等身心已為鬼邪所使，煩惱所佔，教誨不入，戒律、正見全無調伏之力，僅存口舌、假相自欺欺人而已。

26 八法：指世間「稱、譏、毀、譽、利、衰、苦、樂」八種順逆緣境，亦名八風。

27 六大續部：密乘下三部：事部、行部、瑜伽部，及上三部：父部、母部、無二部。如此共六部。

28 三處：此處指自身之蘊界處悉為諸佛等聖者所居之三處壇城。五蘊為佛父住所，五界（五大）為佛母住所；六根為菩薩住所，六塵為菩薩母住所；四肢為忿怒明王明母住所。

圍繞。

前枝上坐釋迦牟尼佛等三世諸化身佛。

右枝上立近侍弟子八大菩薩[29]等大乘僧伽。

左枝上立舍利弗、目犍連等聲聞聖者僧伽。

後枝上大寶經函，層層累叠，卷帙紅色，發出「阿哩嘎哩」之自聲。

其之中間，由智慧、事業所成之護法，具誓海眾無間充滿。

彼等咸以不可思量智悲力功德，愍憐於我，作引導我之大舵手。如是緣觀，如同真實住於面前。

其對面為我，我之右面有父，左面有母，前面為怨敵，周圍為一切六道有情。悉身恭敬合掌，口朗朗誦念皈依，意則生如是信念：「從今以後，直至證得佛位之間，祈請上師作為導師，本尊、佛陀作為教祖，法作為道路，空行護法、聖者僧伽作為修道伴侶；我等依止尊，供養尊，除尊外更無所冀與皈依處。我之以後成就因緣如何，尊等遍知，於我如何施與加持，尊等鑒知。」如是殷切作意而修皈依。

初學者於如是廣大福田不能清晰緣觀，依《總集寶法規》，觀：上師與鄔金大寶蓮師無二無別，為一切皈依境總集之體性，對之生起決定。「如何加持我，尊等鑒知！」從內心深處生起非唯口說之敬信而作祈請亦可。

[29] 八大菩薩：文殊，普賢，觀音，勢至（金剛手），彌勒，除蓋障，地藏，虛空藏。

**真實三寶善逝三根本　脈氣明點自性菩提心**
**本體自性大悲壇城前　直至菩提之間我皈依**[30]

如是皈依文當盡力誦修之。

繼爾，觀從皈依境心中放光，入照我及一切有情之身心，二障習氣悉得清淨，福壽教證諸功德亦獲增長。如是想已，心無執着中稍住等入[31]。

## 二、發心

夫遍虛空界之一切有情，無始時來，於生生世世中，或怨仇作親友，或親友作怨仇等，怨親無定。此生來世，怨耶親耶亦無一定，如是思維而首先生起遠離親疏貪瞋之平等捨心。復次，一切眾生，皆為我之大恩父母，為酬報其恩德故，當以願彼得樂之慈心、離苦之悲心、彼等離苦得樂已則我大喜足之喜心，如是四無量而淨治自心，請皈依境聖眾作為見證。為安置一切有情住於解脫常樂之佛地，圓滿佛陀之大寶果位，無論如何亦當決定證得，如是發起願心。故而，我應以此甚深道為導向，精進修學菩薩廣大願行，不令有一有情而墮輪迴。作此思維，發起行心。如是不離所緣而念發心偈：

**火　種種水月虛妄之顯現　輪迴相續漂淪諸眾生**
**本覺光明界內令歇故　我依四無量門而發心**

30 「真實三善逝......」四句皈依文：內分，外皈依三寶：佛、法、僧；內皈依三寶：上師、本尊、空行；密皈依三寶：脉、氣、明點；真實皈依三寶：自心本體空為法身佛，自性光明為報身佛，大悲周遍為化身佛。

31 等入：即禪定。身語意三密與本尊三密乃至法性空、明、大悲平等契入。

三反或隨宜念之。

若經久不堪，唯生願行二心亦能成辦。如欲廣行，則於此處修習自他平等與相換二法[32]，尤其隨氣之出入而觀修捨樂取苦之所緣。以二無我之定解導生之止觀雙運勝義菩提心亦應盡力修之。

末後，觀自他一切有情融入皈依境，皈依境融入中間之上師，上師融入法身離戲本初界中，如是入定。

## 三、誦修金剛薩埵

「阿，於自凡庸身頂上......」如是念誦時，隨想自己平常身之頂上，有八瓣白蓮。莖長四指插梵穴中，花蕊紅黃，上覆與之等量之白色清涼有如滿月之月輪。輪上觀現一白ཧཱུྃ「吽」字，ཧཱུྃ「吽」字剎那之間化為上師金剛薩埵，身色白亮放光，相好圓滿，寂靜微笑。白緞肩帔，雜色下裙，頂戴寶冠，藍雜色冕旒垂披兩肩，短袖舞衣，如是衣飾共五。大寶頭飾、耳環、頸嚴、手釧、腳鐲、腰帶、垂臍瓔珞、齊乳項鏈，如是寶飾共八以為莊嚴。右手持杵當胸，左手握鈴依胯。金剛慢母，身色雪白，手持顱鉞，以為佛母而雙運。父金剛跏趺，母蓮花跏趺相擁而坐。如是觀明已，以極為勝信恭敬殷切之心而觀修：我之心續一切罪障之清淨，唯仰祈於

---

32 自他平等與相換二法：自他平等，即我與一切眾生，無論從何處觀察思維，皆平等無差別；彼此一般知痛識痒，一般貪生怕死，一般厭苦欣樂，一般為因果所縛，一般輪迴苦海，乃至一般具足佛性，一般幻空無實等等。自他相換，即將自己所積福慧功德、善根受用等施與、回向眾生，而將眾生之罪障、病苦、煩惱等納入自身，代彼承受。如是反覆熏修平等與相換二法，以調練自己的出離心、慈悲心、平等心，乃至斷除人我法執，顯發俱生覺性。詳細觀修，請從師授。

尊，是為依止力。生起猛利懺悔昔作罪業之心，是為破惡力。後遇命難亦不復作，是為防護力。對治宿業者，觀：金剛薩埵心內月輪上有ཧཱུྃ「吽」字，百字咒鬘周匝圍繞，字劃細如毫毛所書，白亮右旋，稍事念誦，便從咒鬘滲出白色光亮之無量大樂甘露，由父母雙身相合處外溢而繞注蓮莖，繼由梵穴而流入自之體內。如山洪流下之端，蟲蟻不存。以是之故，一切疾病化為膿血，一切魔類化為昆蟲，一切罪障化為黑煙炭汁，從身毛孔及下二門排出，入於九層地下紅牛相之閻羅死主口腹之內，以是能贖非時死。如是作意而念百字明，上等盡力多誦，中等百遍，下等至少二十一反。是為現前對治力。當具如上四力之要而誦修：

阿　於自凡庸身頂上　白蓮月墊上現ཧཱུྃ
ཧཱུྃ化上師金剛心　白亮圓滿報身相
手持鈴杵擁慢母　皈依尊汝祈淨罪
猛利追悔發露懺　後遇命難亦防護
尊心圓滿月輪上　ཧཱུྃ字周圍咒鬘繞
以誦咒聲敦請故　父母嬉樂聯合間
菩提心之甘露雲　猶冰片粉而降落
我及三界眾有情　業與煩惱痛苦因
病魔罪障墮犯晦[33]　祈令無餘得清淨

ཨོཾ་བཛྲ་སཏྭ་ས་མ་ཡ་མ་ནུ་པཱ་ལ་ཡ། བཛྲ་སཏྭ་ཏྭེ་ནོ་པ་ཏིཥྛ།

[33] 墮、犯、晦：墮指敗壞密乘三昧耶戒；犯指毀犯顯教諸戒律；晦指與五毒煩惱熾盛、罪惡邪見深重、特別於顯密諸戒有違越者一起，蒙薰、感染於自己身心上之業劫氣、穢惡氣。此等晦氣，能擾亂行者身心，令生煩惱，退失禪定，亦為道障之一。

དྲི་ཌྷོ་མེ་བྷ་ཝ། སུ་ཏོ་ཥྱོ་མེ་བྷ་ཝ། སུ་པོ་ཥྱོ་མེ་བྷ་ཝ།

ཨ་ནུ་རཀྟོ་མེ་བྷ་ཝ། སརྦ་སིདྡྷི་མྨེ་པྲ་ཡ་ཙྪ།

སརྦ་ཀརྨ་སུ་ཙ་མེ། ཙིཏྟཾ་ཤྲི་ཡཾཿ ཀུ་རུ་ཧཱུྃ།

ཧ་ཧ་ཧ་ཧ་ཧོཿ བྷ་ག་ཝཱ་ན། སརྦ་ཏ་ཐཱ་ག་ཏ། བཛྲ་མཱ་མེ་མུཉྩ

བཛྲི་བྷ་ཝ། མ་ཧཱ་ས་མ་ཡ་སཏྭ་ཨཱཿ ཧཱུྃ་ཕཊ།།

- 嗡　班雜薩埵薩麻雅　麻努巴那雅　班雜薩埵待羅巴的叉
  只卓邁巴瓦　蘇多卡約邁巴瓦　蘇波卡約邁巴瓦
  阿努日阿多邁巴瓦　薩爾瓦斯底邁札雅擦
  薩爾瓦噶爾瑪蘇乍邁　折當濕爾央咕茹吽　哈哈哈哈伙
  巴噶灣　薩爾瓦達塔　噶達　班雜麻邁蒙乍　班折巴瓦
  麻哈薩麻雅薩埵阿吽拍

如是修已，觀自身四輪[34]之處亦以甘露漣蕩充滿，三門等分之罪障習氣清淨，樂空四喜之智慧[35]於自續[36]中生起，身心遍布無漏大樂。繼後，懺悔防護者，復以極其勝解恭敬殷切之心而祈請：

34 四輪：頂大樂輪，喉報身輪，心法身輪，臍化身輪。

35 四喜之智慧：初喜智慧，殊勝喜智慧，極殊勝喜智慧，俱生喜智慧。

36 自續：或云自相續。指自身，或自心，或自身心。身心二法，無有實體，唯是生滅相續，故名。

怙主　我以愚蒙無知故　於三昧耶多毀犯
　　　上師大寶祈救護　主尊怙主金剛持
　　　具足大悲之至尊　眾生主前我皈依

所犯身口意三密之一切根本與支分三昧耶戒無餘披露懺悔，祈令我之一切罪障墮犯諸垢穢皆得清淨。

如是誦修祈請，自續之罪墮清淨，上師金剛薩埵心生喜悅而微笑，曰：「善男子（善女人），爾之罪障業墮悉清淨矣。」如是親口賜予許可，同時化成大樂空自性光明而融入自身。以是之故，自身瞬間轉為金剛薩埵佛父母，身色手印標幟服飾莊嚴等無雜圓滿，雖顯而空，如鏡中影。心內月輪上有心命種子ཧཱུྃ「吽」，四方繞以ཨོཾ་བཛྲ་ས་ཏྭ四字，咒鬘放射無邊白光。或觀：中ཧཱུྃ「吽」放藍光，東ཨོཾ「嗡」白光，南བཛྲ「班渣」黃光，西ས「薩」紅光，北ཏྭ「埵」綠光亦可。以是光明，上供諸佛，攝集一切加持與成就入於自身，復次放光淨除一切有情罪障，外器世間悉成色究竟天歡喜國土[37]，內有情世間三界六道一切眾生悉於金剛薩埵五種姓[38]中成佛。以修念、近修、修、大修四支[39]，將境、聲、心三[40]，悉歸為本尊、咒、自然智遊戲之道用。繼而盡力誦持心中心咒：

---

[37] 歡喜國土：東方金剛薩埵之刹土。亦云現喜國土、妙喜國土。

[38] 五種姓：中央佛部種姓，東方金剛種姓，南方大寶種姓，西方蓮花種姓，北方事業種姓。

[39] 修念、近修、修、大修四支：此處指生起次第觀修本尊法之四支。修念：觀想生起三昧耶（誓句）本尊；近修：加持身語意三處；修：勾召迎請智慧本尊前來融入三昧耶本尊；大修：求受灌頂，以部主住頂印持。

[40] 境、聲、心三：境，指一切勝劣苦樂、有為有相之根身客塵之境；聲，指一切悅耳刺耳之執受、非執受大種之聲；心，指一切善惡尋伺計度分別之妄念。

ཨོཾ་བཛྲ་ས་ཏྭ་ཧཱུྃ།

- 嗡班雜薩埵吽

上為依於特別生起次第之淨障法。

最後，本尊、咒諸戲論依次融入ཧཱུྃ「吽」乃至ༀ「那打」[41]中，復如彩虹消失於空然契入原始離戲光明界內；能淨所淨諸分別聚，本來無有自性，乃覺空實義金剛薩埵之真實面目，如是覺照而入等住[42]，是為依止最為無上勝義圓滿次第之淨障法。

## 四、曼札

前面空中明現資糧田如皈依境。於大寶等所成之曼札盤上，首行擦拭，復以香水、黃牛尿[43]塗之，上置花朵三十七堆或七堆。若不堪常作，但行緣觀亦可。

其共通化身曼札者：觀想須彌四洲天處等三千大千世界百俱胝國土，情器受用圓滿具足充盈，特別自之身蘊受用善資等無所顧慮而作供獻。

彼之上空，為不共報身曼札：顯現色究竟天厚嚴國土[44]，身、智之遊戲供養雲蘊廣大無垠。

其上法界，為特別法身曼札：無生本元之體上，安置無滅光明現分明覺達量之堆聚以為莊嚴。

41 那打：「一小點」之義，略似吽字上之「ༀ」。

42 等住：即禪定義。現空、明空、樂空、悲空，無二雙運，專注不移，平等而住。

43 黃牛尿：牛身五淨物之一。五淨物為黃牛尿、糞未墮地者、乳、酥、酪。

44 厚嚴國土：為上方毗盧遮那佛報身國土。亦云密嚴剎土。

三身剎土內之每一極微塵中，皆有微塵數之國土出現。如是通達法性不可思議而作供獻。祈願自他一切有情二資圓滿，二障清淨，教證功德圓滿生起。請於究竟三身剎土大海中賜予受納。如是以勝解恭敬之誠而修。

嗡阿吽

三千世界百俱胝國土　七種大寶人天福資盈[45]
自身及諸受用悉供獻　願證法之轉輪王聖位
色究竟天大樂厚嚴剎　具五決定五種姓堆聚[46]
妙欲供養雲蘊無邊際　以供獻故願登報身土
萬有清淨無死童瓶身[47]　大悲不滅為法性戲嚴[48]
身與明點執着清淨剎　由供獻故願證法身地

隨宜供獻。

## 五、咕薩哩乞丐積資法[49]

如前明現資糧田。觀於其下以作障怨仇為主之一切六道

---

45 七種大寶：金輪，如意神珠，玉女，主藏大臣，白象，紺馬，將軍。

46 五決定：指報身佛五種特點。處決定：永住色究竟天密嚴剎土；身決定：無量相好圓滿莊嚴；眷屬決定：唯是聖者菩薩圍繞；法決定：只説大乘教法；時決定：輪迴未空間常住不滅。

47 無死童瓶身：原始基位法界具足「從基躍起，現於自面，差異分明，分明解脱，不從他生，安住本位」六種特法之身與智大海之自性，即普賢王如來內明大本淨密意界。

48 大悲不滅：大悲為心體之用。心體不滅，用亦不滅，故大悲不滅。為顯現化身之因。

49 咕薩哩乞丐積資法：「咕薩哩」為梵文音譯，義即乞丐。此積資法，不需身外任何資財，但將自之身體作為供品供獻，即使貧如乞丐，一文不名亦可修習而圓滿資糧，故喻為乞丐積資法。但非指貧人以此法積資，富有者便不須行持此道，貧富者皆當勤修此法。此法不但積資甚速，斷除五蘊魔、煩惱魔、死魔、天魔、粗重我執貪愛等亦皆極為有力，更能償清冤業宿債，滿眾生願。文中偈頌，為保持藏文原有每句八字風格韻味，仍譯為八字一句。念誦時，前五字一聯，後三字一聯，便朗朗上口，義亦明了。

眾生剎那之間悉現於前。念「呸……」等偈之同時，當如是觀修：

為斷捨身執貪愛故，觀自心體性化為白色明點，如豌豆量，由自頂門躍入上空，變成黑色忿怒智慧空行母，大寶、綢衣、人骨五手印為作莊嚴，頂上現一亥首。右手持鉞舉揚空中，從自之舊蘊屍體眉間割下天靈蓋，量等大千，仰置於若須彌量之三人頭支足上。內中盛滿切成碎塊之身體各個支分。其下現一短ཨ「阿」，從彼燃起智慧烈火。其上現一白色倒ཧཾ「吭」，從彼滴注甘露水流，溶入顱器內。繼行煮沸。誦「嗡」，不淨諸物化為青紅霧氣溢出而得清淨；誦「阿」，清淨智慧甘露不可思議增長；誦「吽」，自性為智慧甘露，相則凡諸所欲之衣食資具等一切受用盡皆如意變現，而成大虛空藏輪供養雲。如是緣觀而多念三字咒[50]。復次，觀從自心化現出無量供養天女，手持上諸新鮮妙供供養資糧田，一切聖眾身心生起無漏大樂，獲諸喜足。由是自他一切有情二資圓滿，二障清淨，證得二種成就[51]。殘餘供品，為施六道眾有情，尤其作障諸怨敵故，化為各各所欲求之資財器具，血肉骨等蘊聚而令享用。冤業宿債償淨，損惱心、毒害心息滅。自己身成無漏虹體，心轉為無念法身。

呸　棄身貪執以降天魔　心從梵穴處躍空界
　　摧毀死魔故成怒母　斷煩惱魔兮右鉞刀
　　伏色蘊魔故切顱蓋　左手作業兮持本打[52]
　　表三身三頭上仰置　顱內盛自屍量三千
　　短ཨ白ཧཾ以煉甘露　以三字力令淨增變

50　三字咒：指「嗡、阿、吽」。

51　二種成就：共通世間成就，不共出世間成就。

52　本打：為梵文音譯，義即「天靈」、「顱器」。

- 嗡阿吽 若干遍後：

　　呸 供施故上賓心滿足 資糧圓殊共悉地成
　　　 輪迴客心悅業債淨 尤其令作障魔類喜
　　　 病礙難中斷界內滅 惡緣及我執皆粉碎
　　　 末所供供境悉無餘 入大圓本性勿整阿

最後，所供供品及供境聖凡等能取所取一切分別法聚，皆於無自性之心性光明大圓滿界中獲得淨治，繼於三輪[53]體空之無為本元真實性中休息。

## 六、上師相應法

有三，初，建立資糧境：

明觀虛空所遍一切，即自心境界所遍，凡自心境界所遍之一切剎土，凡庸執相普皆消歸法界，從中任運自現清淨廣大剎土殊勝色究竟天蓮花光明廣博宮殿[54]，規模、莊嚴、佈局無量無邊。觀自身住此宮中，體性為智海王母，相如金剛瑜伽母，身色紅亮，右手握鉞刀，左手托滿盛鮮血之托巴，左腋挾持卡杖嘎[55]，於蓮日屍墊上，以右直左微屈之式而立，天衣、人骨以為嚴飾。勝信恭敬之三目急切仰視上師心際。對面空中，十萬瓣雜色蓮花，上敷與蕊台等量之日月輪墊，墊上安坐總集皈依境體性之根本上

---

53 三輪：所供供品，供境聖凡，供養事業。

54 蓮花光明廣博宮殿：即蓮師之壇城。

55 卡杖嘎：為梵文音譯，義即天杖、錫杖。

師，相如鄔金海生金剛，膚色白紅光亮，八歲髫齡童相，二目深寂凝視。身上內着白色金剛密衣，其上依次著紅色襯衣、藍黑密咒舞衣、金花紋所嵌之紅色法衣、紫紅彩緞披風。一面二臂，右手持五股杵當胸（作鎮伏三有印亦可），左手作等住印，上托嘎巴拉[56]，嘎巴拉中置有充滿無死智慧甘露之長壽寶瓶。左腋挾持密表佛母曼達拉哇[57]相之三尖卡杖嘎，頂戴五瓣蓮花柔和帽，怒帶笑容，具足相好，威光熾盛，二足國王遊戲坐。彩虹如帳籠罩。身周五光網格幔中，有圓形虹光明點旋繞，明點界內，有根本上師密意大智慧遊戲所化之印度八大持明[58]、八十四瑜伽大自在者[59]、藏地大成就王臣二十五人[60]等印藏班智達[61]、成就者住持明地[62]眾，以及六大續部所屬之無量寂忿本尊，三處勇士空行男女護法、財神、庫主會眾，有如雲蘊而密布。彼等悉為明空雙運，如水月，如虹霓，凡庸心識因而自然消釋。如是緣觀而誦：

---

56 嘎巴拉：為梵文音譯，義同「本打」，皆「顱器」義。

57 曼達拉哇：蓮師印度的一位佛母名。

58 八大持明：舊譯密教所說的印度分掌八大修部之八位大成就祖師。文殊身持明：降拜濎列（文殊友、文殊善知識）；蓮花語持明：那嘎爾祖；真實意持明：吽嘎羅；甘露功德持明：比麻拉米扎；普巴事業持明：扎欽哈薩的；瑪姆持明：達那桑折達；世間供讚持明：果嘿檀札；猛咒詛詈持明：顯電嘎爾巴。

59 八十四瑜伽大自在者：公元七世紀至十二世紀前後大約六百年間，在古印度以修習大手印等密法為主而獲得大成就的八十四位祖師，如薩羅哈、龍樹、諦洛巴、那諾巴等，名廣不錄。亦有云為八十位或八十五位。

60 王臣二十五人：蓮花生大師的得成就的二十五位藏人弟子。如赤松德贊、毗盧遮那、朗卡甯布、益喜措佳等，名廣不錄。

61 班智達：此是梵文音譯，義即精通五明的佛學博士。

62 持明地：修習密乘所獲證之果位。總分為四：異熟持明，壽自在持明，手印持明，元成持明。詳後。

唉瑪火

自現元成清淨周遍剎　莊嚴圓滿銅色德山中[63]
自成至尊金剛瑜伽母　一面二臂紅亮持顱鉞
二足舞姿三目視虛空　頂上十萬辦蓮日月墊
上坐無異化身蓮花生　普攝皈依聖境根本師
紅白光潤細嫩童子相　身着長袍法衣披風等
一面二臂國王遊戲坐　右手持杵左托顱寶瓶
頂戴五辦蓮花柔和帽　左腋挾持樂空勝佛母
密表之相三尖卡杖嘎　虹霓明點光蘊界籠罩
外輪五彩網幔麗域內　化身王臣二十五弟子
印藏正士持明本尊眾　空行護法具誓如雲布
普皆現於明空大定中

如是緣觀已，次念：

吽　鄔金聖境西北隅　雜色彩蓮花蕊上
獲證希有勝成就　聖名號曰蓮花生
眾空行母周圍繞　我今隨尊而修持
為加持故祈降臨　咕茹唄嗎悉地吽

གུ་རུ་པདྨ་སིདྡྷི་ཧཱུྃ

觀：以極其強烈信敬之誠誦上七句偈文而祈請故，鄔金蓮花顱鬘三根本佛海聖眾，猶如芝麻莢裂然，從西北隅妙吉祥山化身國土[64]倏爾降臨，與三昧耶尊[65]融成一味。

63　銅色德山：即銅色吉祥山之異說。

64　妙吉祥山化身國土：即蓮師所住之國土銅色吉祥山化身佛剎。

65　三昧耶尊：或意譯為誓句本尊、誓尊。由行者觀想而成之幻身本尊。

中，七支供養：

觀自化出百千無數之身，與三界一切有情一同三門竭誠恭敬作禮；實陳及意變之普賢供雲盈塞虛空而為供獻；生生世世無始以來，三門所集之一切罪墮以猛利羞愧追悔之心而懺故，於舌尖上聚為黑蘊，資糧田聖眾身口意三處放光照射，如洗滌然，令得清淨，今後不復更作以為對治防護，如是而作懺悔；於真俗二諦所攝世、出世、道三者之善根心生歡喜，了無嫉恨而隨喜；於十方諸佛佛子前，請轉聲聞、緣覺、菩薩三乘法輪；輪迴未空之間，祈請不入涅槃；如是所集之善根為導，將三世所聚之一切善根圓滿回向一切有情，作為彼等成佛之因。

如是緣思七支行境而作禮誦念：

啥　自身化為剎塵數　與諸眾生同作禮
　　實陳意變禪定力　萬有悉成供印供
　　三門一切不善業　光明法身性中懺
　　二諦所攝諸善資　無有嫉恨而隨喜
　　三類種姓化機前[66]　（此句為欽則旺波所加）
　　請轉三乘妙法輪　生死輪迴未空間
　　祈請常住不入滅　三世所集諸善根
　　回向成大菩提因　（如是隨宜誦數遍）

後，祈請、求受灌頂：

夫解脫及一切智位之獲得，依仗自心俱生自然智之證悟；證悟之生起，有恃上師之加持；加持之入身，唯藉自之

66　三類種姓化機：通指聲聞、緣覺、菩薩三類化機。或指小乘、大乘、金剛乘。

勝解恭敬因緣。是故，當如是生起決定知見：自之根本上師，功德等同於佛，而恩德較佛尤大。根本上師前，心肝肺腑完全交付，從今乃至未證菩提之間，苦樂善惡無論何種生起，唯師遍知，祈師護念，一切希望盡皆寄交上師，身毛倒豎，目淚橫流，心念為師所奪，除師以外，無餘所思。以身心不能承受之極大勝信恭敬之誠懇切誦念：

至尊上師大珍寶　汝乃諸佛之大悲
加持總集之吉祥　眾生唯一之怙主
身與受用心肺腑　無有掛慮悉供汝
從今乃至菩提間　苦樂善惡卑尊等
至尊蓮花大師知

非唯口說，如何施為，祈師鑒知。如是盡力多誦。

我無其它希冀處　當今惡世濁劫眾
陷溺難忍苦泥中　請垂救護大士尊
賜四灌頂加持尊　令生證悟大悲尊
祈淨二障大力尊

如是誦時，緣觀資糧田主眷聖眾悉從三處[67]依次同時放光，照觸自他一切有情，一切業障皆得清淨。

何時壽盡命終際　自現妙拂吉祥山
雙運幻化剎土內　身成金剛瑜伽母
變為明淨耀光團　與至尊師蓮花生
融合為一而成佛　復於樂空神變力
無上智慧遊戲中　現為三界眾有情

67 三處：此處指額、喉、胸三處。

最勝救度聖舵手　祈請蓮師賜撫慰
我至誠懇以祈請　非唯空口空言詞
祈從尊心賜加持　諸所願求令成辦

如是誦隨宜量遍後，修祈禱敦請瑜伽。

ཨོཾ་ཨཱཿཧཱུྃ་བཛྲ་གུ་རུ་པདྨ་སིདྡྷི་ཧཱུྃ།

- 嗡阿吽班雜咕茹唄嗎悉地吽

誦此咒時，亦當隨後如是思義：

ཨོཾ་ཨཱཿཧཱུྃ「嗡阿吽」者，是為金剛三種子字，以此起首。

བཛྲ「班雜」者，一切有相分別戲論不能使之分離故，是為法身。

གུ་རུ「咕茹」者，從法身性中負荷具足七支功德[68]重任故，是為報身。

གུ་རུ「唄嗎」者，妙觀察智覺性光華現為語密蓮花種姓故，是為化身。憶念如是三身無分別之上師鄔金大寶之功德，心性離戲之妙用生起極其勝解恭敬之誠而祈請。由此祈請之力，誦སིདྡྷི「悉地」，指共不共之一切成就；誦ཧཱུྃ「吽」，指祈請即於此時垂賜與我之相續心上。如是作意。

誦念時，觀：外、器世界顯為銅色吉祥山宮殿；內、有情眾生悉為鄔金勇士空行會聚；一切聲響皆為咒音；密、念之起伏，自然解脫，有如鳥飛無跡。如是住心而精進誦修。

---

68　七支功德：即報身之七支功德：受用圓滿支，和合支，大樂支，無自性支，大悲普遍支，相續不斷支，無滅支。

最後，憶念歷代根本傳承上師之功德而念傳承祈請頌：

唉瑪火

超離偏袒界向剎土中　太初佛陀法身普賢王
水月遊戲報身金剛心　相好化身極喜金剛前
祈請垂賜加持勝灌頂
文殊知識九乘轉輪王　希日森哈勝義法庫藏
佳那蘇札大智比麻那　祈請垂示解脫之正道
瞻部唯一莊嚴蓮花生　決定心子殊勝王臣友[69]
詮解意庫大海隆欽巴　領承空行界藏傑美林
請賜能得佛果證解脫

以下增補者：

密主勇士普賢利他尊

同時者

真實觀音佛陀之苗芽　妙具法眼無垢智慧尊[70]

同時者

具七教承[71]金剛威光前[72]
祈請願證四境到究竟[73]

---

[69] 王臣友：蓮師的三位大弟子。王指赤松德贊，臣指毗盧遮那，友指益喜措佳。

[70] 無垢智慧尊：巴珠上師之異名。

[71] 七教承：新舊密乘、地伏藏、再伏藏、意伏藏、隨念、淨相、耳傳等七種教法傳承。

[72] 金剛威光：降養欽則上師之異名。

[73] 四境：修習大圓滿道從有學位至無學位中間依次出現的四種境界。即法性現前境、悟境增長境、明覺達量境和法盡離心境。

持明調生勇士金剛尊[74]　佛子持明金剛美嘉力[75]
佛法蓮花事業吉祥賢[76]　大恩無比根本上師前
祈願二利任運得成就

我於二位救主[77]前蒙恩甚大，故依先後次序特增補之。

由生厭惡三有出離心　如眼依止具義金剛師
於甚深道生圓諸修法　不緊不鬆依教勤奮行
佛心密意加持願降臨
輪涅諸有本是有頂剎　佛咒法身淨圓異熟果
遠離取捨無修大圓滿　超越心識計度覺性光
法性現量赤露願得見　解脫執相分別虹光孔
身與明點悟境願增長　明覺達量已成報身剎
法盡離心究竟成正覺　願證無死童瓶常住身
若於阿底瑜伽不通達[78]　明澈界中粗身未解脫
何日壽盡捨報而死時　死有光明本淨法身現
中陰境像報身中解脫　徹卻妥噶妙道功圓滿
有如子入母懷願解脫
大密殊勝光明乘之頂　不求他佛法身本面現

74　調生勇士金剛尊：珠巴上師第一世之名。譯音為：佐多罷哦多傑。

75　佛子持明金剛美嘉力：甲色上師之名。譯音為：甲色任珍多傑揉昂在。

76　佛法蓮花事業吉祥賢：這一世珠巴上師之名。譯音為：土旦唄嗎赤列拜讓波。

77　二位救主：這裡指珠巴上師一世的另兩位有恩上師：密主勇士普賢利他（譯音為桑達罷哦貫讓晏盼）與金剛威光（譯音為多傑日級，即降養欽則）。

78　阿底瑜伽：舊譯密乘甯瑪巴大圓滿不共法要，為一切教乘之頂尖。離戲自然智，遠離一切界向偏袒，而能顯發一切輪涅諸有。雖顯現千差萬別，然唯此自然智之遊戲道用，別無他法。依於本淨徹卻與任運妥噶之道顯發此基位本智，即得四境依次圓滿究竟，於本元基位上獲得解脫，成就普賢如來無死童瓶身之佛果。

若於原始本地未解脫　　依止不修成佛五勝法[79]
往生自性化身五佛剎[80]　　特別蓮花光明宮殿內
持明大海勝主鄔金王　　所設大密法之宴筵處
願為上首弟子得安慰　　旋作無邊有情培育者
祈以持明佛海之加持　　法界不可思議真實力
暇滿人身圓熟淨三緣　　俾令會合現證妙覺位

如是以極其猛利勝解恭敬殷切之誠而祈願故，觀資糧田眷屬悉化光融入根本上師，根本上師成為總集一切皈依境之體性而住。如是觀明，同時誦求受四部灌頂儀。觀：

上師眉間有ཨོཾ「嗡」字如水晶般明亮，從彼放光，入我之頂，身業與脉障得以清淨，佛之身金剛加持入身，得瓶灌頂，成為生起次第之法器，獲異熟持明[81]之種子，化身成就之緣於自續中安住。

上師喉間有ཨཱཿ「阿」字如紅蓮寶石般紅亮，從彼放光，入我之喉，語業與氣障得以清淨，佛之語金剛加持入身，得密灌頂，成為念誦法器，獲壽自在持明[82]之種子，圓滿報身成就之緣於自續中安住。

上師心間有ཧཱུྃ「吽」字如碧空之色，從彼放光，入我

---

79 不修成佛五勝法：見解脫：密輪；聞解脫：總持密咒；嚐解脫：秘密三昧耶物；觸解脫（又名佩解脫）：普賢如來密咒輪；憶解脫：遷識。此五殊勝密法，值遇其一，信心不逆，不賴修持，均得解脫。

80 化身五佛剎：東方現喜剎土，南方具德剎土，西方極樂剎土，北方事業極圓剎土，中間屍林火山熾燃剎土。或有云為：東方現喜剎土，南方大寶嚴飾剎土，西方極樂剎土，北方事業極成剎土，中間密嚴剎土。

81 異熟持明：屬見道位。生起次第獲得堅固，心性現為本尊，故名異熟持明。然大種之濁分未得淨治。

82 壽自在持明：亦屬見道位。已獲勝法之身，轉為有如金剛之晶澈無垢之身，心亦成熟為見道位之自然智，無有生死，名壽自在持明位。

**心際，意業與明點障得以清淨，佛之意金剛加持入身，得智慧灌頂，成為樂空旃札利法器，獲手印持明[83]之種子，法身成就之緣於自續中安住。**

**復次從上師心間ཧཱུྃ「吽」字放出第二ཧཱུྃ「吽」字，有如流星殞落然而入自心，與自心識融為一體，藏識之業與所知障得以清淨，佛之本智金剛加持入身，得詞句所示勝義灌頂，成為本淨大圓滿法器，獲元成持明[84]之種子，　究竟之果體性身[85]成就之緣於自續中安住。**

如是誦修雙運而受灌頂已，上師之身語意與自之三門無二無別而成一味，保任如是自心覺空赤裸剎那所顯之光輝而誦修。

結歸者，於此處如前而誦「何時壽盡命終際......」等偈，同時作圓滿次第收攝觀想：以於上師具足竭誠之故，上師於我心生悲愍而增上垂念，面現微笑，蓮目開啟，露慈愛相。故而 ——

**從上師心間突然放出溫暖紅光射入自身所顯之瑜伽母心中，僅一照觸之際，自即化為紅光蘊團而融入上師大寶心內，合和而成一味。**

---

83 手印持明：屬修道位。從見道光明生起的有學雙運自然智身之大手印持明。

84 元成持明：屬無學位。即究竟之果，五身任運成就之大金剛持佛位。

85 體性身：具足兩種清淨（自性清淨、客塵清淨）、五相（無為、無二、離二邊、解脫三障、自性光明）、五功德（無量、無數、不可思、無等、離垢）之究竟法界之身。《時輪經》說：「心為大樂、境為空性是體性身；境為大樂、心為空性是法身；空性之回音為報身；影像為化身」。亦有云：空性為體性身；大樂為法身，或大樂身；自顯語為報身；自顯身為化身；或自顯身為報身，大悲為化身。

即此境中隨力而住。於此處當加修《頗瓦遷識常修儀軌》。

從上住境中起時，如魚躍水然，而建立根身國土等一如前儀。

吉祥根本上師大珍寶　我之心蓮墊上請安住
大恩大德祈請哀攝受　賜予三密身語意悉地
於我具德上師之事跡　一剎那間亦不生邪見
隨其所作咸生勝解敬　祈願上師加持入我心
祈願世世於諸清淨師　永不分離受用法吉祥
地道功德善妙而圓滿[86]　急速證成金剛持佛位
生生世世願具善種姓　慧根明淨遠離於我慢
心地慈悲恭敬勝上師　願常住於上師三昧耶
祈願吉祥上師壽永固　等空眾生遍皆得福樂
祈願自他無餘有情眾　障淨資圓迅疾成正覺
祈願上師法體永安康　祈願上師壽元綿綿長
祈願上師事業極興旺　常隨上師不離祈加持

如是總祈請回向發願已，復誦《銅色吉祥山願文 • 吉祥山捷道》[87]。於每座間，誦修共通三攝歸瑜伽[88]一如所說。特別者，於新鮮飲食，先觀為甘露之自性，衣服想成天衣錦緞而供養頂輪上師。於六聚識之所顯，無論好壞善惡，皆不隨逐其凡

[86] 地道：指資糧、加行、見、修、無學五道，及菩薩十地，或十二地、十三地等。

[87] 《銅色吉祥山願文 · 吉祥山捷道》：乃瑜伽師唄嗎旺欽尊者所作之祈生蓮師佛剎之願文。此願文以讚頌蓮師三身佛剎之功德莊嚴等為導向來引生行者欣樂之願心。願文附後。

[88] 三攝歸瑜伽：器世界緣觀為本尊壇城，有情眾生緣觀為壇城本尊；一切聲音緣觀為密咒之音；一切分別妄念攝入無念法身。

庸分別，而時常保任成為本尊、明咒、智慧之覺性光輝。夜晚就寢時，為自他一切有情故，當誦《願欲頓成祈請文》[89]，尤其要誦《淨三身剎土祈願文》[90]。

繼後，觀自頂上之上師由己梵穴循中脉迅速而下，落住於自心四瓣蓮台之上。上師光輝盈充自之身內一切處，光輝閃爍狀中，寄心緣想上師之心與自心合為一體。盡力任持如上觀修相續而入睡。亦可如是作觀：外器世間顯為本尊越量宮，自心上師放光照之令其如鹽入水然而化成光明而融入一切有情所顯之本尊身內，一切本尊復化光融入自身，自身化光融入心間上師體中，上師亦於無緣覺空赤裸之內顯光明中消融。如是心離昏沉，無諸分別妄念干擾而休息。若醒來，當斷諸散亂、掉舉、迷夢等尋伺計度，盡力住定而保任俾令光明周遍，以是能成眠光明[91]與掌握夢境[92]。及至黎明，復如所說而作睡起瑜伽等四座修持。死緣來臨時，依圓滿次第收攝之緣觀，界覺合一[93]而入等住，是為一切頗瓦遷轉之王。若於

89 《願欲頓成祈請文》：乃蓮師親口對木赤贊普王子所說之願文。敍述蓮師能以各種化現為一切眾生消除災障，滿足眾生一切願求。虔誠祈請，必蒙加被，如願以償。見附後之《鄔金蓮師祈請文・願欲頓成》。

90 《淨三身剎土祈願文》：此乃持明大師傑美林巴（無畏洲尊者，即智悲光尊者）所作。願文以陳述輪迴眾生之痛苦、迷茫方式引發諸行者之厭離心，從此厭離心生起往生蓮師佛剎之願心。其後特別加入了中陰道相及解脫理趣之密要。每日祈請、憶持不忘，熏習成為金剛道種藏入八識田中，及至死位中有、法性中有乃至輪迴中有時，便會大起妙用，證得解脫，不可等閒視之。願文附後。

91 眠光明：此為密乘圓滿次第修習法要之一。前睡眠意識已經清淨，後尚未生起淨治夢境與分別心氣之同前一類之睡眠。當中無有尋伺分別，法身樂空無二之自然智得已清淨，現起光明，朗如秋日晴空。此光明謂之眠光明。

92 掌握夢境：藉諸方便要訣，使得夢中識夢，夢中轉夢，乃至觀一切法皆如夢幻，皆可識持轉變，繼爾證得佛果之圓滿次第修法密要之一。

93 界覺合一：法界、覺性無有離合而住。大圓滿法要之一。

此未能超升，於中陰際，憶念三攝歸瑜伽，亦能獲得解脫。總之，以勝解恭敬誓句清淨之緣，若能圓滿修完此前行之道，僅此一法，不依正行，亦能於妙拂吉祥山剎土中蘇息而證解脫。於彼清淨佛國中，循四持明道，較日月經天尤速而證獲普賢王如來之位，是為一定！

如是前行修持證驗生起已，當次第專心修習正行之瓶灌頂道持明息誅生起次第[94]，密灌頂道氣、忿怒母[95]，慧灌頂道密義方便[96]，第四灌頂道徹卻妥噶[97]等及其隨行支分。總其精要，此為一生即能現前證得雙運金剛持位之方便，應當勵力行持。此《大圓滿深慧心髓前行念誦儀軌‧顯示遍智妙道》，是遍智上師歡喜之臣欽則旺波，為欲利樂諸入此道之初學故，將日常修習所須觀緣次第總為簡明心要，并依諸引導文及諸上師之語教編集而成。以此善行，願為一切有情速疾證得無死蓮花顱鬘佛位[98]之因。

---

[94] 瓶灌頂道持明息誅生起次第：上師依止彩粉或布繪等壇城，向弟子身給與水、冠等十一種灌頂，清淨弟子身垢與脉障，於弟子身心中留植異熟持明之種子，安置化身成就之緣。其後弟子便有權修習本尊生起次第法門，有因緣證得身金剛化身佛位，成就息災、增福、懷攝、誅降持明四事業。為密乘第一級灌頂與修法。

[95] 密灌頂道氣、忿怒母：上師依其雙運世俗菩提心壇城向弟子語給與灌頂，清淨弟子語垢與氣障，於弟子身心中留植壽自在持明之種子，安置報身成就之緣。其後弟子便有權修習脉、氣、明點、忿怒母等圓滿次第法門，有因緣證得語金剛報身佛位。為密乘第二級灌頂與修法。

[96] 慧灌頂道密義方便：上師依止手印母壇城向弟子意給與灌頂，清淨弟子意垢與明點障，於弟子身心中留植手印持明之種子，安置法身成就之緣。其後弟子便有權修習圓滿次第樂空密義方便，有因緣證得意金剛法身佛位。為密乘第三級灌頂與修法。

[97] 第四灌頂道徹卻妥噶：上師依止勝義菩提心壇城向弟子身語意三處給與灌頂，清淨弟子三門垢穢與習氣，於弟子身心中留植元成持明之種子，安置體性身成就之緣。其後弟子便有權修習大圓滿徹卻妥噶等普賢密意，有因緣證得智慧金剛體性身佛位。為密乘第四級詞句所示灌頂與甯瑪巴不共修法。

[98] 無死蓮花顱鬘佛位：即蓮花生大師佛位。

# 《鄔金大寶祈願文・如意成就喜宴》

心之金剛本元智慧界　無有離合蓮花顱鬘尊
與之無異遍主師尊前　至心祈請於我垂加持
見尊身故凡庸惑亂滅　聞尊語密大樂智慧生
憶尊心亦息除輪涅怖　慈父上師哀祈愍念我
我與如我無怙弱小眾　沉溺苦毒輪迴大海中
唯汝怙主更無皈依處　清淨所願祈令速成就
此生病魔非人損惱等　修法違緣普令得息滅
福壽受用教證功德等　順緣善資祈令得增長
究竟離心覺心達嫻練　境聲心成本尊咒法身
本淨元成金剛捷道中　祈請加持證得勝成就
若或此生未能證正覺　死有光明勝義蓮花生
現量得見保任不分離　自性法身界中願解脫
若為二執迷惑力所轉　輪迴中有境相出現時
大恩上師蓮花金剛王　勇士空行聖眾來迎導
撒香花雨鳴樂并唱言　唯一佛子善來吉祥山
賜名授記受用此剎土　祈願導入蓮花光明城
然後與彼持明空行眾　一同修學勝乘無上法
依密成熟解脫道方便　四身果位祈願速證得[1]
各乘佛法祈願咸興盛　掌教祖師祈願常住世
瞻部時厄衰頹願平息[2]　新圓滿劫喜宴願廣設

---

1　四身：法身、報身、化身、體性身。或法身、報身、化身、大樂智慧身。

2　瞻部時厄：原文為「藏地時厄」，譯者改。

從今乃至成就菩提間　具德上師如意大寶尊
於我心蓮不離祈常住　輪涅善資增廣賜吉祥

此為持明遍智上師歡喜之臣欽則旺波於庚戌陽鐵狗年神變月上旬初十日，承三世遍知者鄔金蓮師加被，於勇士空行自然聚會之處藏地五台山頸紅巖妙銅虛空堡中作會供時所作，祈請加持如願成就。

# 《往生蓮花光剎之持明車願文》

嗡阿吽班雜咕茹唄嗎悉地吽

勝妙不壞明點之智慧　本元光明空界澄澈面
如彼虹霓雙運而現者　自性化土殊勝蓮花光
法性現前虹光明點界　悟境增長越量寶宮中
明覺達量勇士空行眾　法盡離心金剛歌舞起
是中原始怙主無量光　大悲勝藏蓮花手觀音
三身總集無死顱鬘力　隨所調機而現八號等
化名化身游戲無量數　如是廣大幻化網聚處
自他等空含識大海眾　何時捨壽即刻願往生
剎中復依四持明捷道　於彼身智大海之自性[1]
海生上師果位願速證　自他二利任運願成就

上亦為持明僧伽降養欽則旺波所說之願欲成就文

佛教唯一美嚴隆欽巴　講修法之主宰傑美林
輪迴空前無等上師教　願以聞思修講而任持

此為無垢智慧所作

蓮師教之勝幢轉輪王　為眾敷揚大乘佐欽巴
成就諸利傑美林等師　願其教法弘興常住世

上偈出自遍智上師文集

1　身、智：一般指五身（法身、報身、化身、不變金剛身、圓覺身）五智（法界體性智、 大圓鏡智、平等性智、成所作智、妙觀察智）。

**利樂之源佛法願興旺　生生世世願常隨佛學**
**瞻部遍處吉祥願增長　一切眾生願一同成佛**

此文出自《心性休息》

於轉輪怙主第二欽則[2]蓮花光明顯密洲之所說，為了顯明易懂，於其詞句稍作修改，復依甯瑪巴前代念誦儀軌間或加入腳註以便初學，調伏眾生勇士金剛作。

如欲決定修習此道之初學，首當以四厭離心等反覆淨治自心，若時心被調伏而具堪能後，再依伏藏文從皈依開始修持可也。

合於一切而又勝一切　故出深慧心髓念誦儀
文字明顯次第皆具足　至心利他募刻此板者
善種妮谷無死自在母　勝妙發心勝妙作功德
此善以及三世白淨業　願悉回向有情得遍智
教法教師願常住弘增　圓滿新劫願即來人間
究竟平等唯一明點界　無勤任運成就願吉祥
調伏眾生勇士金剛作　善哉！善哉！善哉！

一九九五年三月二十日至四月三十日
遵師令譯於阿宗寺

2 第二欽則：第一欽則名「欽則兀賽」，譯義「智悲光」，即傑美林巴（譯義「無畏洲」）大師。 第二欽則指「降養欽則」，譯義「文殊智悲」。降養欽則全名為「降養欽則旺波滾嘎旦畢堅讚拜讓波」（譯義「文殊智悲王遍喜教幢吉祥賢」），又名「多傑日級」（譯義為「金剛威光」），又名「唄瑪兀賽朵昂林巴」（譯義「蓮花光明顯密洲」）。

# 《深慧心髓‧頗瓦遷識<br>不修成佛常誦行儀‧伏藏無謬密意》

前行廣略隨宜而修。上師相應法後，生起瑜伽轉為：

阿　任運自現極樂剎　美麗莊嚴相圓滿
　　剎中自成瑜伽母　一面二臂膚紅色
　　裸身立地持顱鉞　三目微怒視虛空
　　母體內空有中脈　粗細僅如箭杆量
　　脈中有孔空明澈　上端開口梵穴處
　　下端臍下處封口　心間有節節之上
　　風之明點淡綠色　中有紅亮心識ཧྲཱིཿ
　　頂上一肘之上空　無量光佛蓮上坐
　　三十二相八十好　觀音勢至兩側立
　　傳承上師周圍繞

如是觀明。於頂上之上師無量光佛，從內心深處生起「上師知」之專一敬信，身毛倒豎，目淚橫流。以具足願我命終之後，往生西方極樂世界之強烈意樂而誦下文：

薄伽梵如來應供真實圓滿佛陀極淨離垢怙主無量光佛蓮前我敬禮，恭敬供養并皈依。

（三反七反或二十一反等。）

若能廣行，此處可加誦諸佛及菩薩名號。

唉瑪火

自顯義之有頂天處　　勝信虹光網幔界中
集諸佛體根本上師　　法體清澈非平庸身
性相等同無量光佛　　勝解恭敬至誠祈請
加持於我嫻習頗瓦　　加持我生色究竟天
願登法界法身佛位

如上九句誦三反已，復從「勝解恭敬……」往下共四句誦三反，再誦「願登法界……」一句三反。如是誦念，於上師無量光佛，極其信解恭敬，熱淚潸潸而一心緣觀心間心識紅色ཧྲཱིཿ「啥」字。繼從軟腭處一口氣連誦「啥」五次，同時觀心間中脉內之綠色風明點帶着內裡之紅亮心識ཧྲཱིཿ「啥」沿中脉隨誦「啥」聲而上升。誦第五次「啥」時，心識ཧྲཱིཿ「啥」正好抵達頂上梵穴處，再而猛念一聲「拍」（或有念「嘿」），觀心識ཧྲཱིཿ「啥」如離弦之箭，射入怙主無量光佛心中。復如前觀心間中脉內再現一淡綠色風明點，內藏紅亮心識ཧྲཱིཿ「啥」，念五「啥」一「拍」引識上射。如是遷識三反七反或二十一反。

再念「薄伽梵……自顯義之……法身佛位」等以至遷識上升一如前儀，作隨宜量遍後，復誦：

薄伽梵如來應供真實圓滿佛陀極淨離垢怙主無量光佛蓮前我敬禮，恭敬供養并皈依。

（三反乃至二十一反。）

至心頂禮無量光佛陀　　至心祈請蓮花生大師
大恩根本上師哀攝受　　根本傳承上師作引導
加持我修深道頗瓦法　　以捷遷道往生空行剎
至心祈請我等捨壽後　　加持即刻往生極樂剎

如上八句誦三反已，「加持即刻......」一句再誦三反，復如前修引識上射遷轉法三反乃至二十一反。

再念「薄伽梵......至心頂禮......往生極樂剎」等以至遷識一如前儀，作數遍後，復誦：

> 薄伽梵如來應供真實圓滿佛陀極淨離垢怙主無量光佛蓮前我敬禮，恭敬供養并皈依。
>
> （三反乃至二十一反。）
>
> 至心敬禮無量光佛陀

唉瑪火

> 極其希有無量光怙主　大悲觀音大力大勢至
> 我等一心專注敬祈請　加持我修深道遷識法
> 我等何時壽盡捨報後　加持神識逕往極樂剎

如上六句誦三反已，「加持神識......」一句再誦三反，復如前作遷識法三反乃至二十一反。

再念「薄伽梵......極其希有......極樂剎」乃至遷識等一如前儀，作隨宜量遍。

此後，五身界中契合故，五誦「拍」而於離戲實相中稍入等住。經云：

> 如是反覆精進行　　嫻熟相者梵穴開
> 涔涔滲有黃水珠　　茅草插之能直立

是故當於嫻熟相出現之前反覆修習。

坐尾，觀頂上空之傳承上師眾化光融入觀音勢至，觀音勢至化光融入無量光佛，無量光佛復化光沒於自身，以此勝緣，觀自一剎那頃成為無量壽如來，身色如紅光藏，一面二臂，金剛跏趺，圓滿受用十三寶飾以為莊嚴，兩手定印，上托無死智慧甘露充貯之長壽寶瓶，瓶口插有如意樹寶枝。無量壽怙主心間輪涅之精華日月如盒相蓋之中間，有明體種子紅色光亮之ཧྲཱིཿ「啥」字，右有紅亮ཨཱཿ「阿」字，左有綠色ཏྲཱི「涅日」字。緣想彼等攝集諸有一切壽元精華。如是專心而誦：

ཨོཾ་གུ་རུ་ཨཱ་ཡུཿསིདྡྷི་ཧཱུཾ་ཧྲཱིཿཨ་མཱ་ར་ཎི་ཛཱི་ཝནྟི་ཡེ་སྭཱ་ཧཱ།

- 嗡　咕茹　阿越悉底吽啥　阿瑪囉那折灣的耶所哈（數遍）

百八名號總持咒者：

ཨོཾ་ན་མོ་བྷ་ག་ཝ་ཏེ། ཨ་པ་རི་མི་ཏ་ཨཱ་ཡུ་རྫྙཱ་ན་སུ་བི་ནི་ཤྩི་ཏ་ཏེ་ཛོ་རཱ་ཛཱ་ཡ། ཏ་ཐཱ་ག་ཏཱ་ཡ། ཨརྷ་ཏེ་སམྱཀྶཾ་བུདྡྷཱ་ཡ། ཏདྱ་ཐཱ། ཨོཾ་པུཎྱེ་པུཎྱེ་མ་ཧཱ་པུཎྱེ། ཨ་པ་རི་མི་ཏ་པུཎྱེ་ཨ་པ་རི་མི་ཏ་པུཎྱེ་ཛྙཱ་ན་སམྦྷཱ་རོ་པ་ཙི་ཏེ། ཨོཾ་སརྦ་སཾ་སྐཱ་ར་པ་རི་ཤུདྡྷ་དྷརྨ་ཏེ་ག་ག་ན་ས་མུདྒ་ཏེ་སྭ་བྷཱ་ཝ་བི་ཤུདྡྷེ་མ་ཧཱ་ན་ཡ་བི་རི་ཝཱ་རེ་སྭཱ་ཧཱ།

- 嗡　拉謨壩噶瓦待　阿巴日米達　阿越佳那
  娑逼尼折達　待坐囉咱雅　達塔噶達雅
  阿哈待桑雅上　布達雅　待雅塔
  嗡班巖班巖麻哈班巖　阿巴日米　達班巖
  阿巴日米達班巖　佳那桑巴如巴折待
  嗡薩爾瓦桑薩嘎囉巴日削達　達爾瑪待噶噶拉
  薩蒙噶待　蘇巴瓦筆削待　麻哈拉雅
  唄日瓦熱所哈　（數遍）

如是常久精進而修。「故而命中無留難，緣起力故壽障滅。密咒方便殊勝道，不修成佛遷識要，當較心目尤珍惜。」云云。

死時遷轉作業等之引導當閱諸經與從上師處請益。

遷識上升與界中契合二處均念「拍」乃伏藏文金剛句密義；念「嘿」遷識，繼念「拍」令心識於界中契合乃《深慧心髓前行引導文・普賢上師言教》所説，行者依何而修均可。

值遇此名副其實之完整甚深教誡前行道之有緣士夫，修習正行大圓滿而於此生證得無死本初智慧、圓成佛果，是為最勝。然若僅此死際教訣亦未修習純熟，疏忽輕過，結果道未成，閻王先至，仍走輪迴，豈不悲哉！故而，死亡臨近要決定有不依他人而自能作主之把握與信念。遷識等前行之修習，非是交差。要常時修習以至練達，個中大有益利，詎可等閑視之？此乃吾合掌所祝禱者。

值此教授有緣諸士夫　　能勝苦諦閻羅死主敵
樂空無死原始金剛語　　願成此生成就菩提因

此頗瓦遷識常修簡軌，乃據珠巴第一世調伏眾生勇士金剛上師所集《頗瓦遷識不修成佛常誦行儀》與巴珠上師《深慧心髓前行引導文・普賢上師言教》而編譯，願一切眾生所欲如意成就，十方三世吉祥增盛！善哉！

一九九六年七月
念慈於青海囊謙公下寺

# 《淨三身刹土祈願文》

嗚呼哀哉持明蓮花生　如我業深惡濁有情眾
意欲福樂卻營積痛苦　顛倒精勤我等企盼誰
大悲顧視妙拂尊垂念[1]　現即接我往生吉祥山

具大慈悲佛陀如尊汝　捨我等眾逕去妙拂洲[2]
如被母棄贍部諸眾生[3]　此後皈依恃怙企盼誰
大悲顧視妙拂尊垂念　現即接我往生吉祥山

壽無常似險地之鳥雛　即於今晚亦可能夭亡
作常住計乃為魔誑兆　閻羅使者來已企盼誰
大悲顧視妙拂尊垂念　現即接我往生吉祥山

輪迴有情好集罪苦業　願學佛者寥若白晝星
戀著龜毛兔角利奴僕　大敵死臨其時企盼誰
大悲顧視妙拂尊垂念　現即接我往生吉祥山

稚童自性一切凡愚眾　聞思修之年華流水逝
六度雙目雖睜亦不見　大種依次沒時企盼誰[4]
大悲顧視妙拂尊垂念　現即接我往生吉祥山

---

1　妙拂尊：指蓮花生大師。蓮師居住於妙拂楞伽洲銅色吉祥山蓮花光明壇城。

2　原文為「捨藏臣民逕去妙拂洲」，譯者改。

3　原文為「赭面國人猴子後裔眾」，譯者改。

4　大種依次沒時：指地大收入水大，水大收入火大，火大收入風大，風大收入識大，識大收入「現」，「現」收入「增」，「增」收入「得」之時。此處義指死時。

雖以信解趨入十善道　詳加慧察虛偽雜八法
不善異熟不覺悄然至　中陰地獄現時企盼誰
大悲顧視妙拂尊垂念　現即接我往生吉祥山

嗟乎某時大限壽命盡　身失光華噓噓直喘息
元氣漸散呻吟之病屍　離別親友戚戚作古時
難忍支解痛苦願不生　空行迎我勝境願現前

嗟乎地水火風空五大　次第沒際雲煙與陽燄
螢火燭光等相出現後　微細沒次現增近得顯[5]
首先意識隱沒於現故[6]　若彼窗中透出明月光
白光出現白分向下降　繼爾現之隱沒於增故
似晴空中日月為曜持　紅光出現紅分回心間
其後增之隱於近得故　如無雲空傍晚時分景
黑暗出現藏識中昏厥　再而持命八風分離故
稍獲蘇醒原始實相現　清新無遮如秋之天空
空明周遍離諸蓋覆障　其時今於本淨離心界
凡庸識盡寬坦而安住　已得決定以此等住力
於本初地內明秘密性　具六特法普賢聖意界[7]
祈願剎那而證佛陀位

5　「現」、「增」、「近得」：指修道時或死時氣入中脉，繼五大依次收沒景象出現後所現之三種微細心境或覺受。「意識」收入「現」，出現似秋夜之晴空，月光滿天，白茫茫一片空明，別無所見。「現」收入「增」，唯見天空日光映照，紅霞周遍。「增」收入「近得」（或有云為「得」，或有分「得」、「近得」為二者），唯覺深夜一片漆黑，別無所見。

6　「首先意識隱沒於『現』故……紅光出現紅分回心間」，此六句原文為：「首先意識隱沒於『現』。故，似晴空中日月為曜持，紅光出現紅分回心間；繼爾『現』之隱沒於『增』故，若彼窗中透出明月光，白光出現白分向下降。」諸餘等處，均言意識沒入「現」，現白光，「現」沒入「增」，現紅光。此處恐是刻板之誤，故譯者改之。

7　六特法：從基躍起，現於自面，差別分明，分明解脫，不從他生，安住本位。

第一中陰如若未解脫[8]　法界實相便沒於光明
聲光芒與堆聚壇城等　八融沒法景象出現時[9]
法性中陰識知唯自顯[10]　祈如子入母懷願解脫

彼時倘於聲光佛大身　生大怖畏驚逃失解脫
法性諦實上師加持力　除遣迷夢僅此不惑緣
化生自性化土蓮花中　證獲蘇息祈願得解脫

超越九乘光明大圓滿　趨入此道藉此道之力
日後投入本性母胎時[11]　其解脫量聲光動天地
五種姓佛寂忿本尊等　諸成就相祈願悉現前

持明我之無妄誠摯力　法性離邊離相真實力
祈願三界無餘諸含識　特別有緣一切有情眾
於四身土勝妙歡喜剎　唯一聚中一時同解脫[12]

---

8 第一中陰：指死位中陰。「近得」出現後所顯之死有光明留住之時。

9 八融沒法：指法性中陰時，任運所顯諸相，如水晶光內收，悉於本淨內明法界中融沒之八相：1、大悲沒入大悲，喻如日落之輝；2、自然智沒入自然智，喻如子入母懷；3、光明沒入光明，喻如彩虹隱沒於空；4、身沒入身，喻如瓶身；5、無二沒入無二，喻如江河匯入江河；6、邊解脫沒入邊解脫，喻如虛空融入虛空；7、清淨智慧之門沒入本淨之體，喻如雪山獅子蹤雪山；8、不淨之門沒入清淨智慧，喻如收拉牛毛帳蓬之繩。

10 法性中陰：死有光明出現以後，若不能認持，則此法性光明實相即融沒於隨後從法性光明中任運而起之各種光明等相中。此等光明諸相雖現而空，無有自性，總攝為四種融沒、八種生起、八種融沒。此時若能憶修上師所授之三要訣、六隨念等密訣，即獲解脫，否則即會淪入繼後而起之輪迴中陰中。輪迴中陰出現之前，死位中陰出現之後，法性光華由體任運起用而離諸執著時之中間階段謂之法性中陰。

11 本性母胎：指能出生輪湼一切諸法之法性光明、實相法界。

12 唯一聚：指法界唯一心體實相壇城。

自生蓮花語之寂處色究竟天金剛巖洞中，余獨自一人住靜時，某日黎明時分，眼裡遙見海波山峰，心中不覺現出昔日寂命阿闍梨、蓮花生大師、及其王臣弟子等眾履臨此山頂，降妖伏魔、消遣解悶等廣大歷史景相。而今，如此一切名亦不復聞矣。如是一切有為皆無常，信矣。余亦爾，雖欲作幾年不死之生計，然僅明朝不往彼陌生世間之定準，亦了不可得。思念及此，余淚下如雨，故就關要而敦促聖心之祈願中，加入中陰道相解脱理趣之根本詞句，以為日常誦修之功課，名曰《淨三身剎土祈願文》。無為行者智悲光作。

一九九六年二月二十五日至二十八日

譯於康定省藏校

# 《銅色吉祥山願文・吉祥山捷道》

ཨོཾ་ཨཱཿཧཱུྃ་བཛྲ་གུ་རུ་པདྨ་སིདྡྷི་ཧཱུྃ།

嗡阿吽班雜咕茹唄嗎悉地吽

自性清淨離心本元界　光明無滅樂空報身力
化身國土少分似娑婆　祈願往生銅色吉祥山

南瞻部洲中心金剛座　三世佛陀轉法輪聖地
彼之西北妙拂楞伽洲　祈願往生銅色吉祥山

任運所成似心吉祥山　根基抵住安止龍王首
腰部繞有無身空行眾　頂端聳入色界禪定天
祈願往生銅色吉祥山

吉祥山王頂上越量宮　東白水晶南藍吠琉璃
西紅蓮石北綠帝青寶　內外明澈有若彩虹殿
祈願往生銅色吉祥山

堂廡城角護牆虹紋旋　供台寶磚半網瓔珞懸
簷瓶埤堄門飾具牌樓　法輪脊瓶標義悉圓滿
祈願往生銅色吉祥山

如意寶樹以及甘露水　草坪藥苑芳香遍布林
仙人持明眾鳥群蜂繞　三乘法義妙諦音和悅
祈願往生銅色吉祥山

超絕方廣越量壇城中　八棱寶台蓮日月墊上
集善逝體自生蓮花生　攝三身姓虹光輪中住[1]
祈願往生銅色吉祥山

師以深明大樂智慧力　空性中起大悲心神變
於十方界尤其藏地域　化現利生化身無量數
祈願往生銅色吉祥山

右座印藏持明諸聖眾　光明金剛遊戲無邊際
左側智者獲大成就尊　講修體證論辯法音朗
祈願往生銅色吉祥山

周圍中間王臣二十五　掘藏大士殊勝成就者
聞思修講受用九乘法　任持無轉密意釘禁行
祈願往生銅色吉祥山

四方八隅廊院角落處　勇士空行天子天女眾
金剛歌舞悅麗如幻術　興外內密廣大供養雲
祈願往生銅色吉祥山

此上瑰麗報身壇城內　蓮花觀音世間自在者
堆聚壇城無邊眷圍繞　摧毀分別習氣仇魔敵
祈願往生銅色吉祥山

再上法身歡喜佛剎裡　基明智藏普賢無量光[2]
覺性眷屬之前宣表法　是乃主伴密意平等業
祈願往生銅色吉祥山

1　攝三身姓：指法身阿彌陀佛，報身觀自在菩薩，化身蓮花生大師。

2　基明：是「基位光明」之簡稱。即最本元之法性光明。

四門立守教使四鬼王 外內密之鬼神八部眾
攝為護法調伏魔外道 具誓海眾擂擊勝勇鼓
祈願往生銅色吉祥山

如是剎土莊嚴觀明已 於此外境吉祥山城中
藉內覺心發斯勝願力 即於自身娑婆世界中
自顯吉祥山剎願現前

尤以生圓甚深道因緣 解開苦惱三脉五輪結
於己心中吉祥山宮內 圓滿俱生智慧之妙用
願現得見本覺蓮師王

資糧加行見修無學道 從極喜地以至普光地
繼而金剛密乘二勝地 特別光明殊勝大圓滿
無上不共自然智慧地 遠離勤勇任運而圓成
基界蓮光剎中願解脫[3]

若或密意大力未圓滿 仗此勝願猛利祈請力
於後緣盡捨壽死臨際 蓮花使者空行舞女眾
現前迎接手携手牽引 如海王母果那拉塔然[4]
亦祈導我往生蓮花光

法界清淨法爾諦實力 三根本之海眾大悲力
願我願欲如意得成就 證佛陀位作眾生導師

3 基界：指基位法性之界，即本元法界。

4 海王母果那拉塔：海王母，指益喜措佳，為蓮師佛母。果那拉塔，即前宇妥・云丹袞波，藏族名醫，《醫學四續》的撰著人。此二人藏區應化緣盡，皆被空行母眾迎至妙拂吉祥山蓮花光剎土。

此亦名《無異自性化土之妙拂蓮花光明殊勝剎土之往生願文・吉祥山捷道》。為滿足耳傳金剛至尊母之瑜伽行者達爾瑪格滴之願，承吉祥鄔金法王父母大悲月光入照於心之加持，光明大悲現前關鍵已得嫻練之瑜伽赫茹噶唄嗎旺欽尊者，於桑耶欽浦色究竟天空行會聚宮殿鮮花巖洞地作。

一九九五年十二月十三日至十五日
譯於青海玉樹

# 《鄔金蓮師祈請文・願欲頓成》

奇也哉

西方極樂世界中　彌陀大悲施加持
加持中出化身師　瞻部洲利眾生
無休利生大悲尊　鄔金蓮師前祈請
願欲頓成賜加持

始自我等發心時[1]　終迄成就菩提間
祈請無斷加持我　瞻部護法眾生友
弘法利生大悲尊　鄔金蓮師前祈請
願欲頓成賜加持

身鎮西南羅剎鬼　心愍顧視瞻部民[2]
引導癡邪之有情　權調難調煩惱眾
慈愛無斷大悲尊　鄔金蓮師前祈請
願欲頓成賜加持

於茲惡世濁亂際　朝夕利樂娑婆眾[3]
乘御朝霞駕日輝　上弦初十親來臨
大力利生大悲尊　鄔金蓮師前祈請
願欲頓成賜加持

---

1 「始自我等發心時......弘法利生大悲尊」：此五句原文為：「始自赤松藏王時，迄法王統未亡間，祈請無斷加持我。藏地護法王一友，護王弘法大悲尊。」譯者改。

2 「心愍顧視瞻部民」：此句原文為「心愍顧視藏人民」，譯者改。

3 「朝夕利樂娑婆眾」：此句原文為「朝夕來藏利眾生」，譯者改。

第五五百濁諍世　有情煩惱五毒粗
毒惱熾盛盈身心　其時願尊悲救護
引入善道大悲尊　鄔金蓮師前祈請
願欲頓成賜加持

列強可怖軍入侵[4]　法輪衰微瀕毀時
意勿猶豫敬祈請　鄔金蓮師八部眾
擊毀敵軍定無疑　鄔金蓮師前祈請
願欲頓成賜加持

有情幻身壞病起　難忍大苦蹂躪時
意勿猶豫敬祈請　藥師無別之蓮師
定除夭殤非時死　鄔金蓮師前祈請
願欲頓成賜加持

大種拂逆地精失　飢饉逼惱有情時
意勿猶豫敬祈請　蓮師空行財天眾
禳解饑貧定無疑　鄔金蓮師前祈請
願欲頓成賜加持

為利有緣掘藏時　以無偽誓誠毅力
意勿猶豫敬祈請　蓮師無異本尊故
得父伏藏定無疑　鄔金蓮師前祈請
願欲頓成賜加持

深山險僻荒野地　暴風雪斷路道時
意勿猶豫敬祈請　蓮師威猛地祇眾
作法指路定無疑　鄔金蓮師前祈請
願欲頓成賜加持

4　「列強可怖軍入侵」：此句原文為「蒙古可怖軍入侵」，譯者改。

虎豹熊羆毒蛇類　曠郊野嶺猝遇時
意勿猶豫敬祈請　蓮師勇士護法神
驅毒有情定無疑　鄔金蓮師前祈請
願欲頓成賜加持

地水火風災障起　危及幻軀攸關時
意勿猶豫敬祈請　蓮師與四大種母
平息種災定無疑　鄔金蓮師前祈請
願欲頓成賜加持

經行隘道凶險地　強盜匪賊行劫時
意勿猶豫敬祈請　蓮師以四印密意
毀彼毒心定無疑　鄔金蓮師前祈請
願欲頓成賜加持

某日怨敵驟然至　利器咄咄逼近時
意勿猶豫敬祈請　蓮師金剛帳幔護
怨仇驚逃兵刃折　鄔金蓮師前祈請
願欲頓成賜加持

若適壽盡死來臨　支解痛苦纏身時
意勿猶豫敬祈請　蓮師化現無量光
導生極樂定無疑　鄔金蓮師前祈請
願欲頓成賜加持

假借軀壞中陰間　幻復生幻迷惱時
意勿猶豫敬祈請　蓮師以遍知大悲
令幻自滅定無疑　鄔金蓮師前祈請
願欲頓成賜加持

若業緣縛失自在　執幻為實苦逼時
意勿猶豫敬祈請　蓮師大樂王體性
徹底滅除迷苦境　鄔金蓮師前祈請
願欲頓成賜加持

六趣有情痛苦深　尤今人類邪見甚[5]
勝解敬信竭誠力　意勿猶豫而祈請
蓮師大悲永護念　鄔金蓮師前祈請
願欲頓成賜加持

鄔金蓮師如是說已，悲愍王子木赤贊普而以若如意寶之十三口訣賜與之。王子恭敬作禮，周匝繞旋。蓮師面向鄔金聖地，乘御日光而去。王子將「煩惱自解脫之口訣」及「若如意寶之口訣遺教」藏於芒隅如大寶聚之巖洞，交付庫主賽境四天女守護。誓曰：「將來某年某月時，吾之王統瀕衰落，其時扎讓山東側，出現一大有緣人，掘得我此伏藏法。願彼護吾王世系。」薩芒嘎。王子木赤贊普云：「吾之具足敬信之臣民臣子們，要向上師三身作祈請：於怙主上師要隨其憶起隨祈請。蓮師於父王之教誡云：初夜時分要祈請。蓮師於智海王母益喜措佳之教誡云：黎明時分要祈請。蓮師於比丘朗卡甯布之教誡云：天亮時分要祈請。蓮師於拉朗多傑朵炯之教誡云：黃昏時分要祈請。蓮師於王子木赤贊普我之教誡云：子夜時分要祈請。蓮師於貢塘王木赤贊普我之教誡云：日中要放下雜務作祈請，痛苦逼迫之時要祈請。無謬紹隆我之王統世系，并能如儀修法之有緣士夫，我於爾等說，

5　「尤今人類邪見甚」：此句原文為「尤藏王臣苦痛烈」，譯者改。

總之諸佛恩德大，特別蓮師恩德尤為不可思議。護持佛法之法王我之語教要聽受，鄔金蓮師之前要常時無斷敬祈請。」蓮師於貢塘王木赤贊普所說之《鄔金蓮師祈請文・願欲頓成》，木赤贊普將之藏於如拉藏江之佛殿，令庫主載俄巡瑪天女守護。薩芒嘎！嗒嗒！薩瑪雅！佳佳佳！水陽龍年化身師讓布扎巴從如拉藏江佛殿取出，交付大持明師頂生鵬翎悟珠堅贊，大持明師將此黃紙譯出云。伏藏密！隱藏密！甚深密！要義密！

一九九六年五月十三日至十五日<br>譯於德格八幫寺

# 《鄔金蓮師祈請文・道障遍除》

ཨོཾ་ཨཱཿཧཱུྃ་བཛྲ་གུ་རུ་པདྨ་སིདྡྷི་ཧཱུྃ།

嗡阿吽班雜咕茹唄嗎悉地吽

祈請法身阿彌陀　祈請報身觀自在
祈請化身蓮花生　我師希有變化身
降生印度勤聞思　曾來藏地調凶頑
身住鄔金利眾生　請以大悲加持我
哀愍我等引入道　垂念於我賜成就
力除我等諸障礙　外來障礙於外除
內生障礙於內除　密障法界性中除
恭敬頂禮願皈依

嗡阿吽班雜咕茹唄嗎悉地吽

得見希有勝身時　右手結持寶劍印
左手結持勾召印　開顏露齒而仰視
持佛種為眾生怙　請以大悲加持我
哀愍我等引入道　垂念於我賜成就
力除我等諸障礙　外來障礙於外除
內生障礙於內除　密障法界性中除
恭敬頂禮願皈依

嗡阿吽班雜咕茹唄嗎悉地吽

聽聞大寶正法時　容顏華潤身光明
右手執持經藏卷　左手普巴修法函
通達甚深諸法道　陽賴雪之大智者
請以大悲加持我　哀愍我等引入道
垂念於我賜成就　力除我等諸障礙
外來障礙於外除　內生障礙於內除
密障法界性中除　恭敬頂禮願皈依

嗡阿吽班雜咕茹唄嗎悉地吽

伏凶邪作護法時　於彼印藏疆界內
無垢勝處歡喜地　親臨施與加持時
芳香芬馥瀰漫山　鮮花白蓮冬亦生
甘泉菩提甘露水　美景怡人勝境中
大士戒淨著法衣　右手握持九股杵
左手仰托大寶篋　內中滿盛紅甘露
調化空行作護法　親見本尊證悉地
請以大悲加持我　哀愍我等引入道
垂念於我賜成就　力除我等諸障礙
外來障礙於外除　內生障礙於內除
密障法界性中除　恭敬頂禮願皈依

嗡阿吽班雜咕茹唄嗎悉地吽

建立如來聖教時　青石山林作修行
修橛擲入虛空界　金剛手印取而搓

搓已復拋旃檀林　火燄熾燃海亦枯
昏冥外道遍地燒　邪惡夜叉碎為塵
無與倫比降魔尊　請以大悲加持我
哀愍我等引入道　垂念於我賜成就
力除我等諸障礙　外來障礙於外除
內生障礙於內除　密障法界性中除
恭敬頂禮願皈依

嗡阿吽班雜咕茹唄嗎悉地吽

鎮伏羅剎惡鬼時　稚童身著化身服
希有妙相膚光澤　齒密白潔髮黃潤
髫齡有似二八童　佩戴種種寶嚴飾
右手執持青銅橛　鎮伏魔羅羅剎鬼
左手執持紫檀橛　護持善信之佛子
頸上掛帶鐵製橛　與本尊佛無有二
瞻部莊嚴勝化身　請以大悲加持我
哀愍我等引入道　垂念於我賜成就
力除我等諸障礙　外來障礙於外除
內生障礙於內除　密障法界性中除
恭敬頂禮願皈依

嗡阿吽班雜咕茹唄嗎悉地吽

欲調鬼蜮住地時　令彼熾烈之火聚
化為一箭之遙湖　湖心蓮上清涼坐
端坐蓮台思救度　其名亦稱蓮花生

乃正覺尊親來臨　如是化身誠希有
請以大悲加持我　哀愍我等引入道
垂念於我賜成就　力除我等諸障礙
外來障礙於外除　內生障礙於內除
密障法界性中除　恭敬頂禮願皈依

嗡阿吽班雜咕茹唄嗎悉地吽

作彼藏地杲日時　於具信眾為導師
隨所應機而現身　藏喀拉之山頂上
降伏魔天作居士　名曰擦衛擦雪處
傲慢天仙居士者　二十有一被調伏
芒隅境上布慈雲　賜四比丘勝悉地
無比超勝持明尊　請以大悲加持我
哀愍我等引入道　垂念於我賜成就
力除我等諸障礙　外來障礙於外除
內生障礙於內除　密障法界性中除
恭敬頂禮願皈依

嗡阿吽班雜咕茹唄嗎悉地吽

吉祥女之吉祥原　收伏十二地祇母
藏地喀拉山峰上　制伏貢噶夏邁神
當雪天子住地前　調伏地仙名雅須
海波山峰之上空　降伏一切鬼神眾
大小一切諸鬼神　或有貢獻己心命
或有願護佛聖教　或有誓為聽使僕

咒威神變無比尊　請以大悲加持我
哀愍我等引入道　垂念於我賜成就
力除我等諸障礙　外來障礙於外除
內生障礙於內除　密障法界性中除
恭敬頂禮願皈依

嗡阿吽班雜咕茹唄嗎悉地吽

殊勝正法佛聖教　猶如勝幢樹立時
任運建成桑耶寺　圓滿藏王之夙願
如是大士三名號　一名鄔金蓮花生
一名唄嗎桑巴瓦　一名海生之金剛
密名金剛威猛力　請以大悲加持我
哀愍我等引入道　垂念於我賜成就
力除我等諸障礙　外來障礙於外除
內生障礙於內除　密障法界性中除
恭敬頂禮願皈依

嗡阿吽班雜咕茹唄嗎悉地吽

桑耶欽浦修行時　迴遮惡緣賜悉地
安置王臣解脫道　毀除魔道笨教法
開示法身無垢寶　引導有緣入佛地
請以大悲加持我　哀愍我等引入道
垂念於我賜成就　力除我等諸障礙
外來障礙於外除　內生障礙於內除
密障法界性中除　恭敬頂禮願皈依

嗡阿吽班雜咕茹唄嗎悉地吽

繼而往詣鄔金境　現正調制眾羅剎
較人優勝甚希有　行相奇異難思量
咒威神變無比尊　請以大悲加持我
哀愍我等引入道　垂念於我賜成就
力除我等諸障礙　外來障礙於外除
內生障礙於內除　密障法界性中除
恭敬頂禮願皈依

嗡阿吽班雜咕茹唄嗎悉地吽

身語意皆眾生吉祥師
斷盡諸障三界極了知
得勝成就大樂殊妙身
修菩提中障礙定消除
請以大悲加持我　哀愍我等引入道
垂念於我賜成就　力除我等諸障礙
外來障礙於外除　內生障礙於內除
密障法界性中除　恭敬頂禮願皈依

ཨོཾ་ཨཱཿཧཱུྃ་བཛྲ་གུ་རུ་པདྨ་སིདྡྷི་ཧཱུྃ།
• 嗡阿吽班雜咕茹唄嗎悉地吽

ཨོཾ་ཨཱཿཧཱུྃ་བཛྲ་གུ་རུ་པདྨ་ཐོད་ཕྲེང་རྩལ་བཛྲ་ས་མ་ཡ་ཛ་སིདྡྷི་ཕ་ལ་ཧཱུྃ་ཨཱཿ

• 嗡阿吽班雜咕茹唄嗎突呈在班雜薩嗎雅咱悉地帕拉吽阿

上文乃從離諍應時化身掘藏大師鄔金卻決待欽林巴於達戀卡絨過拜欽布腳下掘取之《上師意修障礙遍除之教誡要目・如意寶珠》中之「外修祈請儀」內節出。願以此善普消佛教及眾生之一切障礙與衰微，而為圓滿成就一切善利之因。吉祥。

三世佛陀上師大珍寶　諸成就主大樂智慧身
障礙遍除伏魔威力尊　至心祈請於我施加持
令外內密道障悉消除　願欲自成祈請賜加持

此文乃大掘藏師鄔金卻決待欽林巴於森欽郎扎之右角巖山大寶積處取出。

一九九六年五月十六至十八日
譯於德格八幫寺

# 主編者簡介

**談錫永**，廣東南海人，1935年生。童年隨長輩習東密，十二歲入道家西派之門，旋即對佛典產生濃厚興趣，至二十八歲時學習藏傳密宗，於三十八歲時，得甯瑪派金剛阿闍梨位。1986年由香港移居夏威夷，1993年移居加拿大。

早期佛學著述，收錄於張曼濤編《現代佛教學術叢刊》，通俗佛學著述結集為《談錫永作品集》。主編《佛家經論導讀叢書》並負責《金剛經》、《四法寶鬘》、《楞伽經》及《密續部總建立廣釋》之導讀。其後又主編《甯瑪派叢書》及《大中觀系列》。

所譯經論，有《入楞伽經》、《四法寶鬘》（龍青巴著）、《密續部總建立廣釋》（克主傑著）、《大圓滿心性休息》及《大圓滿心性休息三住三善導引菩提妙道》（龍青巴著）、《寶性論》（彌勒著，無著釋）、《辨法法性論》（彌勒造、世親釋）、《六中有自解脫導引》（事業洲巖傳）、《決定寶燈》（不敗尊者造）、《吉祥金剛薩埵意成就》（伏藏主洲巖傳）等，且據敦珠法王傳授註疏《大圓滿禪定休息》。著作等身，其所說之如來藏思想，為前人所未明說，故受國際學者重視。

近年發起組織「北美漢藏佛學研究協會」，得二十餘位國際知名佛學家加入。2007年與「中國人民大學國學院」及「中國藏學研究中心」合辦「漢藏佛學研究中心」主講佛學課程，並應浙江大學、中山大學、南京大學之請，講如來藏思想。

## 作者簡介

**邵頌雄**，祖籍廣東番禺，出生於香港，1990年移居加拿大，並隨談錫永上師學習佛家經論、修持及佛典翻譯。多倫多大學（University of Toronto）宗教研究中心（Centre for the Study of Religion）博士，曾任教於多倫多大學東亞研究系（Department of East Asian Studies）及宗教研究系（Department of Religious Studies）、及威爾弗瑞德・勞瑞爾大學（Wilfrid Laurier University）宗教研究系。現為多倫多大學士嘉堡校區（University of Toronto Scarborough）助理教授。

**許錫恩**，香港出生，原籍福建安海。畢業於香港大學法律系，現職法律界。隨無畏金剛談錫永阿闍梨修習密法，遵師囑致力於寧瑪派經論之翻譯，曾有譯作發表於《內明》月刊。

**釋迦比丘念慈**，一九六三年出生於江蘇東台，高中畢業後，於八二年出家，入上海佛學院學習，畢業後留院任教六年。喜好研讀禪淨華嚴。九二年進藏區求學無上密法，主要聞習甯瑪、薩迦與噶舉教法。譯有《持明總集內修法》、《持明意修大吉祥集儀軌》、《擁嘎海王大樂佛母根本修法・大樂吉祥鬘》、《持明拳法・顯示密義》、《持明修法密頁》、《大圓滿深慧心髓前行念誦儀軌・顯示遍智妙道》等。現譯者仍在藏地學法。

甯瑪派叢書系列

修部【2】

# 《大圓滿前行及讚頌》

**作者**／邵頌雄、許錫恩、釋迦比丘念慈
**導論**／邵頌雄
**主編**／談錫永
**發行人**／黃紫婕
**美術編輯**／李琨
**出版者／全佛文化事業有限公司**
**地址**／台北市松江路 69 巷 10 號 5 樓
**永久信箱**／台北郵政 26-341 號信箱
**電話**／（02）2508-1731　**傳真**／（02）2508-1733
**郵政劃撥**／19203747　全佛文化事業有限公司
E-mail：buddhall@ms7.hinet.net
http://www.buddhall.com

**行銷代理**／紅螞蟻圖書有限公司
**地址**／台北市內湖區舊宗路二段 121 巷 28 之 32 號 4 樓（富頂科技大樓）
**電話**／（02）2795-3656　**傳真**／（02）2795-4100

**初版**／2010 年 7 月
**【精裝】定價**／新台幣 380 元

國家圖書館出版品預行編目資料

大圓滿前行及讚頌／邵頌雄, 許錫恩, 釋迦比丘念慈作.
-- 初版. -- 臺北市：全佛文化, 2010.07

面；　公分. --

ISBN 978-986-6936-50-0（精裝）
1. 藏傳佛教　2. 佛教說法

226.96615　　99010898